THE PSYCHOLOGY OF ROMANTIC LOVE

ROMANTIC LOVE IN AN ANTI-ROMANTIC AGE

浪漫爱情心理学

NATHANIEL BRANDEN

［美］
纳撒尼尔·布兰登
—
著

林本椿　林尧
—
译

上海社会科学院出版社
SHANGHAI ACADEMY OF SOCIAL SCIENCES PRESS

献给　帕特里夏·维南·布兰登

浪漫爱情属于成人。不论在字面上，还是在心理学意义上，都不属于小孩，也不属于那些仍然感觉自己是小孩的人，不论其年龄大小。

目录

推荐序　反浪漫时代的激进行动　i
再版自序　爱是对存在的深刻回应　v
自序　爱是寻常人生的伟大冒险　xi

第一章　浪漫爱情的演变

开场白：爱情与反抗　003
历史的关联：反复出现的主题　005
部族心态：个人微不足道　005
希腊观点：精神恋爱　009
罗马观点：玩世不恭的爱情观　011
基督教的训示：无性的爱　014
典雅爱情：浪漫爱情的原始预示　019
从文艺复兴到启蒙时代：爱情的世俗化　022
工业主义、资本主义和男女关系的新视野　028
浪漫主义文学的影响　032

037　19世纪:"温顺的"浪漫爱情

042　美国理想:个人主义和浪漫爱情

044　浪漫爱情的批评家

048　对浪漫爱情的不实之词

052　论人类潜能运动

057　需要对浪漫爱情有新的理解

第二章　浪漫爱情的根源

061　开场白:首先,自我——然后,可能性

066　关于爱情的定义

068　父母与子女之间的爱:一个特例

070　爱的需求和渴望

073　浪漫爱情的核心:穆特尼克原理

084　可见性和自我发现

086　真可见性还是假可见性?

088　可见性和理解

090　对确认的渴望

092　人类生活中的性

094　性和自我赞美

095　性和自我觉察

在男人和女人之间 096
浪漫爱情的回应 101

第三章 浪漫爱情的选择

开场白：认识震撼 105
生活感觉 106
差异互补 113
不成熟的爱情 119
奇特的变数：节律和能量 127
爱情，作为私人空间 129

第四章 浪漫爱情的挑战

开场白：前面的挑战 133
自尊 135
被爱的合适程度 139
幸福的合适程度 142
自主 148
现实浪漫主义 151

154　相互自我披露：共享生活的意义

159　情感沟通

168　使可见性具体化

170　可见性和兴奋

175　插曲：亲密关系实验

181　滋养的艺术

185　爱情和自私

187　性作为爱的表达

191　倾慕

193　爱的勇气

200　结婚、离婚和终身承诺的问题

205　插曲：过程对结构

208　性专一

216　嫉妒

221　孩子和浪漫爱情

225　保持抽象视角

226　小结：当说"我爱你"时，我们是什么意思？

228　对永恒的渴望和变化的必然

235　尾声：关于爱情的最后赠言

239　致谢

241　参考文献

推荐序

反浪漫时代的激进行动

我们确实处在一个反浪漫的时代。"门当户对"的标准回潮，愈来愈强调他人如何给自己提供"情绪价值"，将情感当成一项自己可以选择投入多少的固定资源，把亲密关系当成与职业领域、朋友关系相类似（而非本质上不同）的空间，认为"人间清醒"最可贵。如果谁向往浪漫爱，即使不是彻头彻尾的愚蠢，也是年轻、头脑发热、尚未受到人生折磨的明证。布兰登博士有一点说的没错——今天的世界普遍处在一个"避免痛苦比体验快乐更重要"的情绪中。梳理浪漫爱这种概念出现的历史后，他说，浪漫本身当然历史悠久，但将浪漫爱当成婚姻结合的条件，追求它，甚至崇拜它，这是很晚近的事；毕竟，经典的浪漫爱其实会表达出对所处的文化、社会、权威的蔑视。确实，爱情是一种激进的行动。如果普遍不太鼓励我行我素的人生，怕犯错，那么也很难真正地"自由恋爱"。

因此，虽然《浪漫爱情心理学》的作者是一位经常为寻求成长和幸福的人士开办专业工作坊的心理学家，虽然进入书店后，它很有可能被归入"自我成长""生活指南"的品类；但它对于根本没打算谈恋爱的人也有用，读来相当有趣——

譬如，就关于反浪漫这一点，布兰登博士转引20世纪30年代一位人类学家在本巴人之间做调查时的经历，人类学家讲了一个关于艰难寻找到爱人、最终向爱人求婚成功的故事，老酋长听完后，困惑地问："为什么不另找一个女孩呢？"

譬如，考虑到浪漫内在的反抗性质，强烈的个人情感对部落价值观、权威会造成威胁，就更能理解为什么"先婚后爱"文会出现，并流行起来。

而如果读者确实带着真实的痛苦，或是疑问，处在两难之中——也就是说，既对浪漫爱有向往，又没法以一颗天真光洁的心、带着饱满的热情投入其中；曾受到伤害，或是有所怀疑，难以相信那些要求投入时间、物质的大小行动有其真正意义，同时，又没法像老酋长那样彻底地"清醒"——那么，《浪漫爱情心理学》是一本因为会重新锚定人在关系中所关心的问题，因而能够给人打气的书。它强调，寻找浪漫伴侣，不是为了得到"浪漫"（更不是为了那些指向浪漫、在社交媒体上循环、时时引起焦虑的时代表征），而是因为人"需要一面心理镜子，这是浪漫关系中最重要的方面"。因此，布兰登强调"心理可见性"的概念。关系的意义在于它让人看清自己：从对方如何做，人能够看到"原来我是这样"。这是人跳出自我、获得成长的重要一步。

这样，人能跳出自我中心的框架，"他对我这样做，而我有这些感受与期待"带来的不是他对与不对的判断、他应如何对这个"固定的我"好的那些要求，而是新的自我认识。

这或许说明，布兰登确然是一位积极主义者。他不认为一个人因探索亲密关系所受的伤害最后会击垮他，安全网总会在，或者，至少，获得自我认识比那些伤害更珍贵。

当代的读者在读到一些句子时可能会习惯性地提心吊胆。当他写到人"需要一个情感支持系统"，而浪漫关系能够提供那个最切近的、支持力度最强的系统时，读者很可能会想，那么，如果被这个系统背叛，或者对其失望，是否会带来最深的伤害？在是与否之间，还有无限可能，对这个问题的回答，是一种人生选择，并没有正确答案。

抛开这些生活指南式的自我教育不谈，更重要的或许是，"关系"意味着要认可他人。在这里，认可不是同意某个具体的人的具体意见的意思，而是从本质上几乎本能地认识、认可他人的存在，跳出自己。这不一定要靠浪漫关系达成，而且，常见的婚姻恋爱关系中，倒经常缺乏真正的对他人存在的认可，尽是我我我。不过，布兰登的立场并不是列维纳斯那种基于他者的伦理学。他其实还是自我的本体论者，因此，《浪漫爱情心理学》更强调的是，从实际功用上讲，关系有助于自我认识，如果人能完成这种跨越，在成长中获得自尊，下一步确实有可能获得更成功、更幸福的人生。布兰登说，我们经常只关心如何寻找一个理想伴侣，但亲密关系的核心问题其实在于，它能帮助我们成为自己想要的那个理想伴侣。换用俗话讲，也就是通过看清、反思、理解、成长，你给予了别人，自己也成为更好一点的人，也就有可能获得自己梦想的那种关系——当然，很有可能是通过换一位伴侣。在更深度的关系中，人面对所谓"灵魂伴侣"时，对方能按照自己在心灵深处理解自己的那种方式来理解自己，人也就获得了深刻的共鸣，以及安全感。

1980年，这本书写就出版。作者提到了自己深爱的亡妻帕特里夏，告诉读者自己是因为有幸与她"热恋"十五年，体会到了真正的爱那种不会消亡的特质，才会写出这本书。帕特里夏于1977年去世，书是在对她的追思中写的，也题献给她。致谢中，作者也提到了书出版时自己的妻子德弗斯，感谢她对自己的陪伴、有益建议、情感支持——恰恰没提到"爱"。字里行间，作者自己对真正爱情的高标准严要求，读来也是另一番有趣。在现实中，布兰登除了因强调"自尊"概念的心理学写作、面对大众的普及和疗程之外，也因他与哲学家安·兰德之间结合了信徒、伙伴、商业合作、两性关系的复杂牵扯与矛盾而为公众所知。他也是电影《兰德的激情》（1999年）中男性主角的原型。带着这些背景去读《浪漫爱情心理学》，就更不止于20世纪的生活指导书，而会有进入知识史的格外趣味了。

淡 豹
2024年5月

再版自序

爱是对存在的深刻回应

这本书最初出版于1980年，创作于一个困难时期。当时我年仅37岁的妻子帕特里夏溺亡，我还处在哀悼亡妻的痛苦中。那是在妻子故世两年后，我还没有从痛苦中恢复，十分脆弱，感情上一片混乱。我头一回感觉到爱情这个主题对我是如此重要。我当时觉得自己是在以血写书。

这是我十多年来一直想写的一本书，旨在提出关于浪漫爱情的新观点，明确指出那些可能决定爱情成败的关键因素。

这本书出版后不久，一家报社的记者来采访我。她问了许多问题，关于我如何理解浪漫爱情这个概念以及它的挑战是什么。然后，她说："布兰登博士，如果你不介意的话，我想问你一个私人问题。浪漫爱情不会让你感到害怕吗？"

她的问题完全出乎意料，却也引起了我的兴趣。我问她："我为什么要害怕浪漫爱情呢？"

她答道:"你现在 50 岁了,没人会想到还能听到你这个年龄的人充满激情地谈论浪漫爱情。我现在才 28 岁,想到爱情可能会出现很多问题——那个人会离开你,去爱别人,或者工作会使恋人分离,或者——"她犹豫了一下,也许是害怕自己在揭开伤口:"或者你所爱的那个人死了。那是很可怕的。你在人生中已经遇到过这样的悲剧,现在你又开始了新的关系,而且还写了这本书。我不知道你的勇气是从哪里来的,如果我措辞得当的话。我觉得我的生活不需要激情,不需要强烈的感情,我不想陷得那么深。我想我更看重安全。"

我问她:"你的意思是避免痛苦比体验快乐更重要?"

"是的。"

"不过,这是一种选择,不是吗?"

她很固执,继续说道:"但就像你书中写的那样——爱情是一种重大的责任。爱情需要我们做得很多。"

我同意:"是的,的确是。"

她坦白说:"我知道这听起来很不好,但我也不敢肯定我会负那么大的责任。"

我们相互道别后,我就离开了,心里琢磨着不知道有多少读者跟这位年轻的女士一样,认为浪漫爱情与其说是解放和快乐的源泉,不如说是一种负担。

然后,我想到了浪漫爱情最大限度上可以满足的需求。(以下这张清单比我放在书中的那张要长。）

首先，我们需要伴侣，需要有人分享我们的价值观、感情、兴趣和目标；需要有人分担生活的重负和喜悦。

我们需要去爱：以使相爱成为可能的独特方式，去练习我们的情感能力。我们需要发现值得钦佩的人，让我们感到鼓舞和兴奋的人，我们可以把精力投放在他们身上。

我们需要被爱：被重视、被关心、被培育。

我们需要心理可见性（这一点我会在本书中详细讨论），以便在与我们有重要关系的人的反应中看清我们自己。我们需要一面心理镜子，这是浪漫爱情中最重要的一个方面。

我们需要美满的性生活，需要对方作为性满足的来源。

我们需要一个情感支持系统；需要至少还有一个人真心地为我们的幸福而努力；需要一个情感同盟者，这个人在面对生活挑战时是可以信赖的。

我们需要自我觉察和自我发现；需要不断地、比较自然地与另一个人亲近和对抗，在此过程中扩展与自我的联结。

我们需要充分体验作为男人或作为女人的自己：以只有浪漫爱情才能实现的方式去探索作为男性或女性的潜能。

我们需要分享活着的兴奋，需要享受另一个人的兴奋，并从中得到滋养。

我把这些称为"需求"，不是因为没有这些需求我们就会死，而是因为有了这些需求我们可以在世上生活得更好。这些需求在身体上和精神上都有其存在价值。

但是作为交换，爱情需要我们负什么责任？我们必须面对哪些挑战？作为一名从业的心理治疗师，我深深感到我们经常只关注如何寻找一个理想伴侣，而我们首先要关心的应该是如何成为我们想要找的那种理想伴侣。我们有让自己与我们所追求的爱相匹配吗？我们知道如何去爱吗？

这些都是令人痛苦的问题。这些问题使我想起千百万男女日常经历的爱情故事中两个重要瞬间，这两个不同寻常的辛酸瞬间格外引人注目。

第一个瞬间发生在故事的开端，第二个瞬间则接近故事的尾声。第一个瞬间是在男女双方目光相对、心里完全明白自己是在爱和被爱的时候；这时，他们的生命以一种只有他们自己能听到的无声的节奏搏动，双眼映照着彼此灵魂的倒影，在一个美得不可承受的世界里，他们的身体感到一种微妙的活力。

第二个瞬间是一段时间过后，他们在彼此眼中看到的是一个陌生人，他们的心里感到空虚，脸上露出受伤或愤怒、绝望或冷漠的神情，形影相吊，身重如铅。他们可能会听到内心惊叹爱情已逝的哭声。他们可能很想知道，难道这一切仅仅是幻觉？

然而，我想说的是，理性理解的浪漫爱情并不是遥不可及的梦想，不是青少年的幻想，也不是文学虚构。浪漫爱情是我们力所能及的、可以实现的理想。但是，要实现这个理想，我们首先要知道爱情需要我们做什么。

我不想在本书中处理同性恋和双性恋这些困难而复杂的问题。本书全篇谈的都是异性恋，我们讨论的是男女关系的模式，尽管书中许多内容显然也适用于其他类型的关系，但那都是后话。

纳撒尼尔·布兰登

2007 年

自 序

爱是寻常人生的伟大冒险

男人和女人之间的激情吸引，我们称之为浪漫爱情，它能令人惊喜欲狂，也能令人痛苦万分，无以名状。然而，不管人们对浪漫爱情的感受有多强烈，还是不大理解这种情感的本质。对于那些把"浪漫"与"非理性"联系起来的人来说，浪漫爱情只是一时的情绪紊乱，一场情感风暴，难免短命，随后就是幻灭和摆脱幻想。对于另一些人，浪漫爱情则是一种理想，如果从来没有得到过，似乎就错过了生活的奥妙。

看到这么多人在浪漫关系中经历的悲剧和心理混乱，许多人得出结论：浪漫爱情在某种程度上是根本错误的，是一种虚假的希望。其结果是越来越多的人正在试验各种不同的关系，一种不需要对另一个人承担极大义务的亲密而脆弱的关系。有些人放弃了对任何激情的奢望，因为这种激情不仅虚假，而且有害。如今浪漫爱情也受到心理学家、社会学家和人类学家的攻击，他们经常嗤之以鼻，把它看作一种不成熟的、虚幻的理想。对这些知识分子来说，把激烈的情感当作持久美满关系的基础，简直是现代西方文化中神经错乱的产物。

我们早已看到，许多人开始时是真正相爱的，彼此善待，对未来怀有很高的期望，然后随着时间的推移，却只能悲哀痛苦、满怀困惑地看着关系恶化并最终崩溃。他们回想起深爱的时候，那时许多事情似乎都是正确的、美好的、令人满意的。令他们备受折磨的是，他们不知道为什么失去了所拥有的一切。如果那样的爱都会消亡，那还有什么样的爱情能持久？我究竟有没有可能得到浪漫爱情？或者其他任何人有可能得到它吗？也许，是时候把梦想连同童年时代的其余玩具一起抛弃了。有时，甚至连这些问题都被遗忘了，关于为何以及如何失去一切的痛苦早已褪去，剩下的只有麻木。有时，他们安慰自己，这种麻木意味着他们终于长大了。在我们的文化中，有很多人促使他们相信这一点。

然而，人们还是继续坠入爱河。梦消失了，随即重生，像一股无法阻挡的生命力。戏还在演。人们被一种自己无法理解的激情所驱使，追求几乎从未达到过的美满，并始终对挥之不去的遥远的可能性抱有一丝幻想。

这种幻想之所以挥之不去，是因为它回应了人类深层的需求。但是，这些需求的本质是什么？那种始终激发我们的想象力并激起我们渴望的可能性的本质是什么？是什么阻挡了我们成功实现自己的渴望？在我们的人生旅程中，这些都是我们要回答的问题。

我想一开始就表明，我写这本书是基于我相信浪漫爱情不是幻想，也不是精神迷乱，而是我们生活中存在的一个伟大的可能性，一场伟大的冒险，一个巨大的挑战。我写这本书还基于我相信，狂喜是我们情感生活中正常的、有积极作用的东西，或者说可以成为正常的有积极作用的东西。

我并不认为浪漫爱情是年轻人的特权。我也不认为它是某种不恰当地从文学作品中吸取的、面对现实时必然会土崩瓦解的幼稚理想。相反，我认为就个体的发展和成熟而言，浪漫爱情对我们的要求比我们想象的要更高。实际上，这正是本书的中心主题之一。

世上有各种各样的爱可以把一个人与另一个人连在一起。首先，我要谈谈本书探讨的关于爱情的一般定义。浪漫爱情是男女之间一种充满激情的"精神—情感—性爱"的爱恋，它反映了男女双方高度尊重对方的价值。

如果一对夫妇没有感觉到他们的爱情是充满激情的或强烈的，至少在相当程度上，我不会把他们的关系描述为浪漫爱情。如果没有感觉到精神上的自然吸引，在心灵深处没有共同的价值观和人生观，没有一点灵魂伴侣的感觉，没有很深的情感投入，没有强烈的性吸引，我也不会把这种关系描述为浪漫爱情。如果没有相互仰慕——而是相互蔑视,加上强烈的性吸引——那么我还是不会把这种关系描述为浪漫爱情。

几乎任何关于爱、性或男女关系的陈述,都需要个人的坦诚直言。我们是根据自己的生活经历来谈的。一位心理学家要就爱情问题发表演说时,他不能对自己的经历避而不谈。这不意味着我们所涉及的问题过于主观,无法作出有效的全面观察。我的论点正相反。我们的思考并不完全是我们个人浪漫史的产物,但其中许多看法都深深植根于那片土壤,并从中有意无意地激发出许多情感、价值以及我们可能认为显而易见的结论。

如果假装这本书没受到我和一个女人热恋 15 年的影响,那是在自欺欺人。1977 年 3 月 31 日,帕特里夏·维南·布兰登莫名其妙地溺水身亡。就在那天早晨,我们还在床上流连,缠绵做爱,谈论着我们在对方面前多么兴奋。这是我们在生活中从未有过的兴奋,神奇而无法抗拒,使我们青春洋溢。帕特里夏走进房间时,我的世界变得更明亮了——十五年如一日。当我听到同事们说浪漫爱情会在你得到满足的几个月或几周内就消亡,假装我的想法没受这些言论的影响,也是不合适的。

撇开我个人的背景不谈,本书还有两个主要的资料来源。首先,本书试图以每个人多少都能获得的事实和数据为基础,即历史和文化资料,去推断和理解男女关系。其次,我的观点都基于我作为心理治疗师和婚姻顾问的经验。在过去 25 年里,我有机会为几千人治疗，看到了他们为获得性生活和浪漫爱情的圆满而奋斗的实质——以及他们经常破坏自己愿望的方式——这种经历让我得出许多结论，关于男人和女人自觉不自觉地从对方那里寻求什么，以及为什么他们的关系中会有如此多的失败、苦恼和痛苦。之前我在全美各地举办了三天半的工作坊，主题是"自尊和生活的艺术""自尊和浪漫爱情"，在这些强化班（他们是这么称呼的）里，我有很多机会进一步探讨和检验本书提出的各种看法和结论。

我想请大家记住这一点，在过去的大部分时间里，浪漫爱情作为一种理想以及婚姻基础的理念并不为人所知，且至今在某些文化里仍不被广泛接受。仅仅在过去的几十年里，非西方文化中一些受过教育的阶层才开始反抗家庭包办婚姻的传统，他们把目光投向西方，吸收西方把浪漫爱情作为首选的理念。虽然在西欧，浪漫爱情的观念由来已久，但把它作为婚姻等长期稳定关系的基础，其接受程度一直不像在美国文化中这么广泛。

在本书的写作过程中，浪漫爱情的概念远远超出了美国人的爱情观。但是，最好把它放在美国理想与早期文化理想对比的历史背景中去理解。

如今，在北美长大的年轻人理所当然地对他们与异性的未来作出某种假设，而这种假设在其他文化中并不常见。这些假设认为，两个将同呼吸共命运的人要自由和自愿地选择对方，无论是家庭、朋友、教会或是国家，都不能也不应该为他们做出这样的选择；他们的选择是基于爱，而不是基于社会、家庭或经济上的考虑；他们选择谁非常重要，一个人和另一个人之间的差异极为重要；他们希望在与自己所选择的人的关系中获得幸福，追求这种幸福是完全正常的，事实上是人类与生俱来的权利；他们选择与之共同生活的人就是他们期望与之共享美满性生活的人。纵观人类的大部分历史，所有这些观点都可能被视为异常，甚至是难以置信的。

因此，在第一章中，我会简要介绍这种爱情观和男女关系在西方世界出现并盛行的这一过程的重要细节。这种历史回顾的目的是为我们今天的状况确定其来龙去脉，正确看待我们的斗争，更加清醒地意识到过去的态度和价值观仍在我们心中发挥作用，以致会损害我们为获得男女关系的幸福所做的努力。

为了实现这些目标，历史回顾要涵盖哲学、政治、伦理和文学等主题，因为所有这些都会影响我们今天怎样去思考和理解浪漫爱情的本质与问题。

在第二章中，我们将从社会历史的角度转向心理学角度，因为我们不是根据过去的情景，而是根据当下的情景，从永恒的当下和我们作为人的本质去理解浪漫爱情的根源和意义。我们应审视人类渴望浪漫爱情的基本心理需求，以及它旨在实现的需求。这样我们就可以理解爱情关系中狂喜或痛苦的根源。

在第三章中，我们将谈到影响我们会爱上谁这一选择过程的基本因素。在这一点上，我们将会探讨"爱情是什么，为什么会产生爱情"的主题。

在第四章中，我们会谈谈"爱情为何有时会发展，有时会消亡"。我们会着手谈谈如果想要成功获得浪漫爱情，需要我们做什么样的心理准备。我们将探讨浪漫爱情面临的挑战。我们会说明决定浪漫爱情成功或失败的基本因素，深化我们对胜利和失望的理解。

本书既不是爱情手册，也不是性生活指南。虽然在某些关键地方多少不可避免地出现了"怎么做"，但给出建议不是本书的目的。本书旨在丰富我们对爱情的理解，让浪漫爱情变得通俗易懂，让大家明白浪漫爱情是所有年龄段的男女都能获得的，而且值得去实现。

纳撒尼尔·布兰登

1980 年

第一章

浪漫爱情的演变

———

Chapter One
The Evolution of Romantic Love

开场白：爱情与反抗

男女之间的热恋故事在文学中随处可见，是我们文化遗产中宝贵的一部分。兰斯洛特和桂妮维亚、阿伯拉尔和爱洛依丝、罗密欧与朱丽叶的伟大爱情如今还活在我们心中，成为肉体激情和精神爱慕的象征。但这样的故事却往往是悲剧——一种非常有启迪作用的悲剧。

这些情侣感人至深，不是因为他们成了社会典范，而是因为他们反抗社会。他们令人难忘，是因为他们与众不同，他们的爱情挑战了他们文化中道德和社会的法则。他们的故事是悲剧性的，因为他们被这些法则击败了。

在这些悲剧性的爱情故事中，隐含着一个这样的事实，即情侣之间的承诺代表了他们对其所处文化或社会的直接蔑视，他们的爱情不被视为正常的生活方式或公认的文化理想。

我们应该明白，浪漫爱情的理想与我们的历史大多是对立的。首先，它是我行我素的。这种理想反对把人看作可互换的单位，它对个体差异及个人选择给予了最高的重视。在哲学意义上，而不是在狭义上，浪漫爱情是以自我为中心的。作为一种哲学，利己主义认为自我实现和个人幸福是生活的道德目标，而浪漫爱情的动机是追求个人幸福的愿望。浪漫爱情是世俗的。它在性和爱方面把肉体与精神的快乐结合起来，把浪漫和日常生活结合起来，浪漫爱情是对这个世界以及人世生活所能提供的崇高幸福的一种满怀热情的承诺。

我在序言中讲到浪漫爱情的定义——浪漫爱情是男女之间一种充满激情的"精神—情感—性爱"的爱恋，它反映了男女双方高度尊重对方的价值。它包含的所有这些因素，随着我们继续讲下去，其重要性将变得越来越明显。特别是，我们将会意识到个人主义和浪漫爱情的主题是如何密切相关的。在这一背景下，我们需要重新审视自私的问题，超越传统的思维方式，承认理性、智慧或开明的自私对于我们的生活和福祉多么不可或缺。诚实地尊重自身利益是生存所必需的，也是浪漫爱情所必需的。

激发恋人灵魂的音乐存在于他们自己和他们的私人宇宙中。他们彼此分享，但不会和部族或社会分享。倾听并尊重这种音乐的勇气，是浪漫爱情的先决条件之一。

历史的关联：反复出现的主题

男女关系的演变是人类意识演变的一部分。我们的内心总带着我们的过去——有时是一种财富，有时是一种负担。生活在20世纪后三分之一时期的我们，除非对自己的历史以及我们是如何走到今天这一步有清醒的认知，否则就无法完全理解那些阻碍我们获得爱情幸福的内心冲突与障碍。

当我们回顾几个世纪以来男女关系的发展时，我们会看到变化、发展、后退、迂回、再前进，有点像进化之路本身。浪漫爱情这一理性概念的出现，经历了一个漫长的发展过程。

以下简单回顾的目的是帮助我们理解这一发展进程，并分离出某些反复出现的主题，这些主题在过去和现在几乎是永恒的。在任何时代和文化中，我们不可能不遇到自己。让我们开始吧。

部族心态：个人微不足道

在原始社会，婚姻的驱动力是经济，而不是爱情。事实上，几乎所有狩猎和农业社会都是这样。家庭是一个单位，目的是提高肉体生存的概率。男女关系不是根据爱情或情感亲密的心理需求，而是根据狩猎、争斗、种植庄稼、养育子女等实际需求来构想和定义的。

在前工业化社会里，生存的关键取决于体力和体能，因此男女之间的劳动分工主要是基于各自的体能。男人体力超群，女人需要保护，特别是在怀孕和分娩期，这为性别不平等和女人依附男人提供了理由。

就我们所知，在原始文化里，浪漫爱情这个概念根本不存在。部族的生存是支配一切的最根本的价值观。个人生活的方方面面几乎都要服从部族的需求和规则。这曾经是，现在也是"部族心态"的精髓。个性和个人情感几乎是或者根本是一文不值，无足轻重。

虽然这些结论只是推断，但人类学对20世纪仍然存在的原始社会的研究为这些结论提供了有力支持。正如莫顿·亨特[1]（Hunt, 1960）写道：

> 一般来讲，大多数原始社会的宗族结构和社会生活为所有人提供了相亲相爱的广大空间；多数原始部族的人看不到个体之间有什么很大差别，因此，不会卷入现在西方式的独特人际关系中；现在随便几位受过训练的观察员都会对他们漠视爱情对象的轻松态度和相信情侣可以互换的坦率信念发

---

[1] 莫顿·亨特（Morton Hunt, 1920—2016），美国作家、心理学家，著有《心理学的故事》《宇宙间》等。

表评论。20世纪30年代,人类学家奥德丽·理查兹[1]博士在罗得西亚北部本巴人中生活时,曾对一群本巴人讲述一个英国民间传说,一位年轻王子爬玻璃山、跨峡谷、与龙搏斗,一切都是为了向一个他所爱的女子求婚。本巴人显然很困惑,但仍然保持沉默。最后,一个老酋长说话了,提了一个最简单的问题,说出了在座所有人的困惑:"为什么不另找一个女孩呢?"他问道。

玛格丽特·米德[2](Mead, 1949)对萨摩亚人[3]的著名研究同样表明,这种社会群体的心理和生活模式,对个人之间的深厚情感依恋是非常陌生的。虽然人们认可和鼓励性滥交和短期性关系,但是任何在个人之间形成牢固情感纽带的倾向都会遭到激烈反对。在原始文化更有规律的性行为中,人们经常会害怕,甚至对抗那种我们称之为由爱而生的性爱情感。事实上,当促使性行为的感情非常浅薄的时候,大多数人看上去是可以接受它的。

---

[1] 奥德丽·理查兹(Audrey Richards, 1899—1984),英国人类学家,主要从事原始民族的社会学、社会心理学、营养和经济组织的研究。
[2] 玛格丽特·米德(Margaret Mead, 1901—1978),美国人类学家,对现代人类学成形过程有重要影响,被誉为人类学之母。
[3] 萨摩亚人居住在南太平洋斐济东北偏东的萨摩亚群岛。

"例如，在特罗布里恩群岛，"G. 拉特雷·泰勒[1]（Taylor, 1973）写道，"成人并不介意孩子进行性游戏并尝试早熟性行为；青少年可以和别人睡觉，前提是他们彼此不相爱。如果他们坠入爱河，性行为就会被禁止，恋人一起睡觉严重违反道德规范。"

爱情，如果真的发生了，有时会受到比性更严格的监管。（当然，许多情况下甚至没有一个词可以表示我们所说的爱情。）强烈的个人情感显然被看成是对部族价值观和权威的威胁。

我们必须注意到，问题不在于原始性，而在于部族心态。在乔治·奥威尔的《1984》一书中，技术先进的社会里人们又遇到了这个问题，极权国家的全部权力和权威就是旨在粉碎浪漫爱情我行我素的自由放任主义。20世纪的极权政府蔑视公民对私人生活的渴望，把这种渴望定性为"小资产阶级的自私"，这一点众所周知，不需要文献记载。不论是古代还是现代，部族心态都倾向于把浪漫爱情看作是对社会的颠覆，是对部族福祉的某种威胁。

---

[1] G. 拉特雷·泰勒（Gordon Rattray Taylor，1911—1981），英国作家、记者，著有《生物定时炸弹》《进化大揭秘》。

希腊观点:精神恋爱

在古希腊文化中,确实存在关于爱的概念,爱情被认为有重要的价值,爱情是人与人之间基于相互仰慕而产生的强烈感情,并且,爱情还是一个哲学问题。然而,这种爱情被看作是一种非常特殊的情感,和人与人之间的实际关系以及人们在日常生活中的一般行为无关——和婚姻制度也毫不相干。

附带说明一下——这一点本该在一开始的时候就强调——我不希望暗示性爱只有在爱情关系中才是正当的,或者爱情的最后结果必须是婚姻。显然,性、爱和婚姻是各自分开、有明显区别的现象,尽管它们在某些环境中是相关的。我稍后将详尽阐述我对它们之间关系的看法。在这里,或许有必要指出,不是性必须包含爱,而是浪漫爱情必须包含性爱;不是爱情必须导致婚姻,而是婚姻必须要有爱情。承认这一点,我们就可以继续讲下去。

尽管古希腊文化多反映出对人体美的崇拜,但对性爱和爱情的态度却是很明确的,即人是由两种完全不同的成分构成的:属于"比较低"自然状态的肉体和属于"比较高"自然状态的精神。肉体的需要和目标比精神的需要和目标低级,高尚和最珍贵的东西是离肉体和肉体行为最遥远的。

与精神—肉体二分法密切相关的是另一种区分:理性和激情之分。理性指冷静漠然的情感。人们认为激情必然代表理性的失败。

古希腊人崇拜恋人之间的精神关系，而不是肉体关系。对古希腊人而言，这种深厚的、精神上意义重大的爱情只有在同性恋关系中才有可能，通常发生在年长的男人和年轻的男孩之间。

尽管关于古希腊同性恋的盛行程度还存在争论，但它显然比在我们当下的文化里流行得多，并被许多知识分子认为是"人类情感的最高表达"（Hunt，1960）。"虽然除了更深层的感觉，性欲通常被认为是柔弱的、不健康的，但两个男人之间的热恋关系被理想化了，在这种关系中，年长的恋人会激励年轻的恋人变得高贵优雅、道德高尚，并且他们之间的爱情会使他们的精神和感情都得到升华。"

另一方面，反女权主义是古希腊文化中一个明显的主题。尽管古希腊人不会对异性性行为或女性之美无动于衷，但他们把这一兴趣看作是完全没有道德含义或精神意义的。柏拉图和亚里士多德都认为，女人在精神和肉体上比男人低级。女人所受的教育使她们几乎在各个方面把自己视作男人的附属品。她们在法律面前几乎没有地位，她们需要法定监护人，她们几乎无法享有古希腊男性公民所享有的权利。古希腊女人早期在经济方面所履行的实际职责，现在主要由奴隶来承担。在生存斗争中，女人不再是男人的伙伴，在男人的世界里也不如以前重要。

在古希腊，如果一个男人爱上一个女人，那么这个女人大概率不是他的妻子，极有可能是高级妓女——一个受过良好训练的女性，既是能给男人提供精神鼓励的红颜知己，又是能唤起男人性欲的性伴侣。但是，大多数古希腊人都蔑视坠入爱河的男人，即使他爱上的是高级妓女。

除了在理想状态下，爱情是一种只存在于男人之间的令人鼓舞的仰慕之情，大多数时候它主要被视为一种令人愉悦的、享受的游戏，一种无足轻重、意义不大的娱乐消遣。激情性爱发生时，通常被认为是悲剧性的疯狂，是一种折磨，它占有一个男人并使他远离古希腊人所崇尚的冷静、心平气和的状态。

因此，古希腊人的思想中没有为爱结婚的概念，原始人也没有。古希腊诗人帕拉达斯曾写道："婚姻给男人仅带来两个幸福的日子：一个是他把新娘抱到床上，一个是他把她放进坟墓。"妻子是昂贵的，是一个负担，常常妨碍男人的自由。但是，人们普遍认为男人拥有后代是对国家和宗教应尽的义务，他需要管家，需要一个新娘带来嫁妆。婚姻是一种必要的恶，是在两个不平等的人之间配对。

罗马观点：玩世不恭的爱情观

从古罗马主流哲学斯多葛主义的观点来看，激情的投入是对责任和义务的威胁。在罗马史诗中，英雄埃涅阿斯[1]很容易就抛开了对恋人狄多[2]的激情，去履行他建立罗马共和国的职责。和古希腊人一样，古罗马知识分子视激情为疯狂。

像古希腊人一样，古罗马人也不是为爱结婚。在上层阶级中，婚姻通常是家庭之间出于经济或政治考虑安排的；男人结婚是要得到一个管家并生儿育女。不过，在古罗马文化中，家庭作为一个政治和社会单位被赋予了新的意义，主要和财产的保存及保护有关。古罗马法典对财产的代际继承有详细规定，还包括管理不同阶级的罗马公民以及帝国内其他民族之间婚姻形式的复杂法律。家庭在文化和政治上的重要性，赋予了夫妻关系新的重要性。文化神话[3]尤其赞颂未婚女子的贞洁和已婚妇女的忠诚美德，证实了古罗马人对家庭宗教般的虔诚。某些道学家——有时连立法者都会——要求丈夫保持忠诚。

随着家庭价值的日益提高，妇女的地位也随之变化。古罗马妇女的法律地位显著提高，享有比从前的女性大得多的自由、经济独立和文化尊重。因此，她们就更有可能在爱情关系中处于平

---

[1] 埃涅阿斯是希腊神话里特洛伊战争中的英雄，特洛伊沦陷后，背父携子逃出火城，经长期流浪到达意大利，据说其后代建立了罗马。
[2] 狄多是希腊传说中迦太基著名的建国者及女王，古罗马史诗中说她坠入埃涅阿斯的情网，因埃涅阿斯的离开而失望自杀。
[3] 指一个文化中的传统故事、神话或民间传说，这些故事通常反映了该文化的价值观、信仰和历史传统，对于理解特定文化的价值观和社会结构有重要意义。

等地位。在这一方面,她们至少接近了浪漫爱情的条件之一:平等。因为上位者和下位者、主人与仆人的关系都不具备浪漫爱情的特性。古罗马夫妻之间的墓志铭、信件和同时代的社会观察者偶尔提到的事实,都证明了当时婚姻纽带的牢固和某些伴侣之间存在长期、和谐甚而富有感情的结合。但在他们的婚姻观中,激情依然是非常不合时宜的。

在古罗马帝国的鼎盛时期和整个瓦解期间,男男女女都想在婚外情的冒险中体验激情,寻求性爱关系带来的刺激与魔力,诗人奥维德[1]的《爱的艺术》使这一情形名闻遐迩。在古罗马帝国鼎盛时期,两性通奸极为普遍。实际上,人们理所当然地把它看作缓解乏味生活所必需的消遣。罗马贵族沉溺于令人厌倦、极度疯狂的纵欲中,让人联想到罗马的衰落:这是爱与恨、魅力与厌恶、欲望与敌意的邪恶混合物。最著名的罗马浪漫激情文学,如奥维德在《爱的艺术》里的描写,以及卡图卢斯[2]写给"勒斯比娅"的情诗,都刻画了恋人沉醉在纵欲中,以不忠和精心策划的权力游戏折磨对方。特别是有相当多的文学作品都满怀恨意地控诉新近

---

[1] 奥维德(Ovid,公元前43—约公元17),古罗马诗人,代表作为长诗《变形记》,其他重要作品还有《爱的艺术》《岁时记》《哀歌》等。

[2] 卡图卢斯(Catullus,公元前约84—约前54),古罗马诗人。他有116首诗传世,包括神话诗、爱情诗、时评短诗和各种幽默小诗。这些诗歌中有许多诗表达了诗人对一个被称作"勒斯比娅"(Lesbia)的女子的炙热爱情。

崛起的女性的专横肉欲，正如尤维纳利斯[1]的第六讽刺诗中所展示的那样：

> 妻子是暴君，如果她的丈夫温柔多情，妻子就更是如此。女人天生残暴：她们折磨丈夫，鞭打管家，喜欢看奴隶被鞭打得死去活来。她们强烈的性欲令人作呕——她们更喜欢奴隶、演员和角斗士；她们唱歌和弹奏乐器都叫人讨厌；她们的暴饮暴食足以让一个男人恶心。

正是这种文化催生了最初的婚姻理想：家庭幸福、男女相敬如宾，并使复杂的婚姻形式制度化。但这一文化同时也使性和爱、激情和关怀的人际关系呈现两极对立的状态。性和爱的结合是现代爱情观里的基本要素，即使罗马人完全认同这一点，也是以玩世不恭的态度来看待的。

基督教的训示：无性的爱

公元 2 世纪和 3 世纪，在罗马帝国日益衰落期间，一股新的

---

[1] 尤维纳利斯（Juvenal，约 60—约 140），古罗马讽刺诗人，传世的 16 首讽刺诗揭露了古罗马帝国的暴政，抨击贵族和富人的道德败坏，同情贫民的困苦生活。

文化和历史力量开始对西方世界产生冲击，也对男女关系产生深刻影响，就像它影响西方文化的其他方面一样深刻。这种力量就是基督教。这种新宗教的核心要义是极度的禁欲主义，对人的性欲怀有强烈的敌意，对世俗生活极端蔑视。对享乐的敌意（尤其是对性快感的敌视）不仅是这种新宗教的许多教义之一，还是其核心和基本思想。教会对性的敌意源于它对物质存在——世俗生活的敌意，而且教会认为在尘世中享受物质生活必然意味着精神的罪恶。虽然罗马时期的斯多葛主义、新柏拉图主义和东方神秘主义已经存在类似的教义，但基督教调动了这些教义背后的情绪，利用了人们对那个盲目堕落的时代日益增长的反感，呼吁人们洗涤和净化自己的灵魂。

圣保罗将希腊的精神—肉体二分法提升到了西方世界前所未有的重要地位。他告诫世人，灵魂是独立于肉体的实体，是超越肉体的，其真正关心的是与肉体或尘世无关的价值。肉体只不过是灵魂被困其中的监狱。是肉体将人拖向罪恶的深渊，驱使人寻欢作乐，欲火中烧。

基督教认为始终无私、无性的爱才是男女理想的爱情。实际上，他们宣称爱和性是对立的两极：爱源自上帝，性源自恶魔。

圣保罗告诫人们："男人不接触女人是好事。"但是，如果男人缺乏必要的自我控制力，那就"让他们结婚，因为与其让欲火燃烧,不如结婚"。

他们宣称禁欲是道德理想。婚姻——后来被描述为"治疗不道德的良药"——是基督教对人性堕落的勉强让步,以使这种理想实际上可以实现。

泰勒(Taylor, 1973)写道:

中世纪教会被性的问题困扰到了非常痛苦的程度。性的问题以一种我们认为是完全病态的方式支配了教会的思想。毋庸多言,教会提供给基督徒的理想主要是性理想。这个理想是高度一致的,具体体现在一部最精心制作的法典里。基督教法典的基础很简单,就是坚信除了维持种族生存所必需的最低限度的性行为,要像躲开瘟疫一样避开性行为。即便是为了生存这个目的,性行为的必要性依然是令人遗憾的。他们还劝告那些可能进行性行为的人彻底规避它,即使结婚了也要避免。对于那些无法严格克己的人,有许多规章制度像一张巨大的蜘蛛网一样约束着他们,其首要目的就是尽可能使性行为变得毫无乐趣,将房事限制在最低限度——也就是说,将其完全限制在生育功能上。实际上,被谴责的不是性行为,而是从中获得的快感,即便是在为生育做爱时获得了快感也该受到谴责……他们不仅认为从性行为中获得快感有罪,甚至连对异性的欲望也是有罪的,即使这种欲望未实现也一样。因为男人对女人的爱纯粹是一种欲望,这就引向一个无可辩驳的主题,即男人不应该爱他的妻子。实际上,彼得·朗巴德[1]认为男人对妻子爱得太强烈是一种比通奸更严重的罪孽……

除了充当"治疗不道德的良药"外,中世纪的婚姻本质上仍被视为一种经济和政治制度,尽管教会宣称婚姻是神圣的。至6世纪末,教会已经有权在政治上管理婚姻,就像它有权管理世俗生活的其他方面一样。教会对男女关系的严厉规定是贯彻始终的。教会取代了家长的权威来安排和批准婚姻,并且禁止在没有罗马教皇的特许下离婚和再婚。

在今天鲜为人知而且特别有趣的是,在教会看来,爱和性的结合不是高尚的理想,而是伤风败俗:

> 在教会眼里,神父结婚是比养情人更严重的罪行,而养情人比随意私通更坏——这种判决完全颠覆了看重私人关系的质量和持久性的世俗道德观念。当一个人被控犯有结婚罪时,最好的辩护是回答他只是在滥交,因为后者会受到更轻

---

[1] 彼得·朗巴德(Peter Lombard,1100—1160),意大利神学家、巴黎大主教,编纂标准神学教材《教父名言集》四卷。

的惩罚，而前者可能会受到撤销全部职务和特权的惩罚。

（Taylor，1973）

在中世纪教会眼里，神父与妓女通奸不是什么大罪。但是，如果神父坠入爱河并且结婚了，也就是说，把他的性生活融为他对整个人生的表达，那就是重罪。

值得注意的是，教会最愤怒的是手淫而不是通奸。正是通过手淫，人才第一次发现了自己身体的感官潜能；而且，它完全是"自私"的行为，完全为个人的利益而进行。通过这种行为，许多人第一次体验到与宗教许诺的狂喜完全不同的可能性。

教会固有的反性爱主义与其固有的反女权主义是并存的。随着基督教在中世纪欧洲的兴起，妇女失去了她们在罗马人统治下赢得的所有权利；实际上，她们被看作是男人的奴隶，要完全从属于男人，更确切地说，她们被看作是驯养的动物。曾经有过关于女人是否有灵魂的争论。根据基督教教义，女人与男人的适当关系就像男人与上帝的关系那样：正如男人将上帝看作他的主人并毫不迟疑地服从上帝的意志那样，女人也应该把男人看作她的主人并毫不迟疑地服从男人的意志。女人应该完全从属于男人，部分原因是因为夏娃曾造成亚当的堕落，此后男人所遭受的一切痛苦都是由她造成的。

中世纪后期，出现了对女人的第二种观点，与第一种观点并存。一方面，女人是象征意义上的夏娃，以性来诱惑男人，是男人精神堕落的原因；另一方面，女人又是圣母玛利亚的化身，是纯洁的象征，使男人的灵魂得以改造和升华。自那以后，妓女和贞女（或者妓女和母亲）成了西方文化中关于女人的主导观念。

用现代语言来说明这种二分法：一种是男人渴望的女人，另一种是男人仰慕的女人；一种是男人和其睡觉的女人，另一种是男人与其结婚的女人。

在对女人的态度中，基督教也展示出其对爱情关系的强烈敌意，后者将欲望和倾慕、肉体和精神价值融为一体，且以伴侣之间绝对必要的平等为基础。在基督教最深层的教义中，对浪漫爱情始终是反对的。

追求个人价值，在个人生活行为中运用自己的判断，以及享受性爱的欢乐，都是在选择和体验一段浪漫关系时必有的自我主张，都会受到基督教的谴责。

典雅爱情：浪漫爱情的原始预示

鉴于中世纪残忍非人道的性压制和教会对婚姻的严苛规定，人们为了更好地看待男女关系而进行的第一次盲目探索，竟以一种名为"典雅爱情教义"的各种奇怪信念混合的形式出现，也就不足为奇了。典雅爱情的教义起源于11世纪法国南部，是由贵族宫廷里的抒情诗人和吟游诗人发展起来的，这些宫廷通常由参加十字军东征的贵族妻子们控制。

这种教义把男女之间的高尚激情——不是男人和他妻子之间，而是男人和别人妻子之间的高尚激情——作为一种理想来维护。这一时期，在激情和精神意义上的爱情被明确地认定为婚外恋情。典雅爱情因而维持了几百年来人们对婚姻的悲观看法。关于典雅爱情的真实程度，以及它是否主要是一种文学现象，存在着相当大的争议，但是历史记录的事实表明，这是中世纪人头脑里的一种观念。

在1174年香槟伯爵夫人[1]宣告的"爱情法典"里，以文学形式表达了典雅爱情的各种原则：

> 1. 婚姻不是反对爱（即爱配偶之外的人）的好借口……3. 一个人不能同时和两人相爱……8. 没有充分理由，任何人的爱都不应该被剥夺。9. 如果不是受到被爱的希望的驱使，谁也无法爱……13. 公开的爱情很少能持续。14. 轻易被征服得到的是被藐视的爱，难以得到的爱情才是令人渴望的……17. 新欢使人放弃旧爱……19. 如果爱走下坡，就会迅速死

---

[1] 香槟伯爵夫人，也叫法国的玛丽，原名玛丽·卡佩（Marie Capet, 1145—1198），是法国国王路易七世和第一任妻子的大女儿。1164年，玛丽和香槟伯爵亨利一世结婚，生有四个子女。

亡并很少能重燃激情。20. 易坠入爱河的男人也易感到恐惧。21. 真正的嫉妒总会增加爱的价值。22. 猜疑及其引发的嫉妒增加了爱的价值……25. 真正的恋人认为只有他所相信的东西才会使情侣高兴。26. 恋人对所爱的人的一切都不会拒绝……28. 一点点猜测都会迫使恋人怀疑情侣的罪恶……

（Langdon-Davies，1927）

这个著名法典接着宣布：

根据本文件的要旨，我们宣布并裁定：爱情不可能将其力量延伸到两个已婚人士身上，因为恋人必须相互无偿地给予对方一切，一个人把自己的一切给另一个人不受任何必要之动机约束，而夫妻负有法律义务，他们同意两人在一起且不能互相拒绝。在听取了许多女士的忠告后，我们极其谨慎地做出这样的判决，请你们将其视为毋庸置疑、不容改变的真理。

（同上）

尽管典雅爱情的教义有许多天真的想法，但作为一种明确表达的理想，其中也包含了与我们今天所理解的浪漫爱情理念有关的三条原则：男女之间的真爱建立在双方自由选择的基础上，爱情不可能在服从家庭、社会或宗教权威的环境里繁荣成长；爱情是基于相互倾慕和相互尊重的；爱情不是无所事事的消遣，而是对一个人的生活极为重要的东西。在这些方面，史学家们有理由认为典雅爱情的教义标记了现代浪漫爱情理念的起点。

然而，典雅爱情还远没有达到对浪漫爱情的成熟理解，不仅因为它在心理上极不现实，还因为它无法以任何具体方式将爱和性融合起来。典雅爱情被理想化了，以致它依然是未实现的。恋人为了赢得理想的爱人而激发出高尚和勇敢的行为，爱情关系的价值由于恋人的这种崇高品质而得以肯定；对女人来说，爱情关系的价值在于她是这种崇高品质的源泉，这种未实现和未满足的欲望会催人奋斗，燃起激情；而幸存下来并达到圆满的典雅爱情关系寥寥无几。最著名的浪漫情人——兰斯洛特和桂妮维亚、特里斯坦和伊索尔德[1]的恋情以圆房、负疚和绝望结束。这种爱情并不适合希望生活在尘世间的男女。

从文艺复兴到启蒙时代：爱情的世俗化

政治、经济、社会和文化大动荡是文艺复兴时代的特点，在

---

[1] 特里斯坦和伊索尔德是中世纪著名爱情传说中的两个主要人物，电影《王者之心》即根据他们的故事改编。

这些动荡中,男女爱情关系的快乐理念继续朝系统化方向发展,但并未从根本上挑战西方文化中潜藏的反性爱主义和反女权主义。与性行为相关的重罪惩罚仍未终止。灵魂—肉体二分法依然未受挑战。教会的权力和权威随着新教的兴起而减弱,婚姻越来越被认为是必要的制度。当然,即使是改革宗[1]也认为独身生活比结婚更好,改革宗的代表人物仍然对人的性行为深恶痛绝。在加尔文[2]的统治下,未婚私通会被流放,已婚通奸要被活活淹死或砍头。

婚姻的目的是生儿育女和"补救无节制状态"。人们认为性行为是有罪的,但是无法压抑。马丁·路德[3]认为,在婚姻中"上帝会宽恕这个罪"。可是自文艺复兴以来,文化越来越不受宗教约束,随着商业的兴起和新兴中产阶级的发展,出现了对世俗生活可能性和价值的新觉醒。宗教对世俗生活可能性的敌视被慢慢地而且很微妙地削弱了。作为一种重要制度和有价值的人际关系,婚姻本身越来越受到尊重。15、16 和 17 世纪的知识分子主张婚姻应该由家庭安排,以"理性"为依据——这里他们是指

---

[1] 基督教 16 世纪宗教改革初期的新教概念,在信仰、传统、教会体制上主要受约翰·加尔文的影响,通常代表新教的主流风格。

[2] 加尔文(Jean Calvin,1509—1564),法国神学家,16 世纪欧洲宗教改革家,基督教新教加尔文宗的创始人,著有《基督教原理》,否认罗马教会的权威。

[3] 马丁·路德(Martin Luther,1483—1546),德国人,16 世纪欧洲宗教改革运动的发起者,基督教新教路德宗的创始人,将《圣经》译成德文。

"除参与者自身利益之外"的依据。(Hunt, 1960)在这一方面,过去的传统仍在延续,唯一的变化也许是以"理性"的名义来为婚姻辩护的说法更时髦。

然而,这期间的许多文学作品,主要是莎士比亚的戏剧,主张爱情应该作为婚姻的重要先决条件。有些作家,例如海因里希·科尼利厄斯·阿格里帕[1],甚至建议"爱情应是婚姻的起因而不是利益的实体",一个男人应该"选择妻子,而不是服装,是和妻子结婚而不是和她的嫁妆结婚"。(同上)在公开发表的关于男女关系的观点中,约翰·弥尔顿的观点最热情激进,他主张应该根据"不情愿、不适合、思想对立等理由允许离婚,这些理由的出现,其起因本质上是不可改变的,会最大程度妨害婚姻社会的主要好处,即慰藉和祥和"。(同上)(注意:是慰藉和祥和,不是兴奋,不是着迷,不是狂喜。)

然后,越来越多的人努力寻求爱情和婚姻融合的方式,创造出一种框架,在这个框架里,人类的性爱表达是可以被接受的,爱情、柔情蜜意是可以与欲望共存的。但尽管有这些新的侧重点,继天主教之后控制许多西方国家的清教文化在本质上依然

---

[1] 海因里希·科尼利厄斯·阿格里帕(Heinrich Cornelius Agrippa, 1486—1535),文艺复兴时期最具影响力的神秘学家。他的《神秘哲学三书》(*Three Books of Occult Philosophy*)著于1509年至1510年,原稿以手抄本形式广为流传,1533年印刷成书。

是反浪漫主义的，他们蔑视世俗价值，对性行为的管制也非常严厉。

17世纪后期和18世纪，总体来说，受教育的阶层极端反对清教主义，对教会在社会和政治方面的权力感到强烈不满。然而，他们在男女关系方面的"反叛"相当于另一种意义的投降。后来被称为理性时代的作家和思想家们"蔑视"宗教，倾向于将人视为一种迷人的动物，而不是罪人；人也许羸弱，但并不堕落（在宗教意义上）。他们把性看作一种消遣，一种冒险，就像两只动物在嬉闹一样，毫无精神上的意义或价值。

理性时代产生了诸如"理性错乱"这样的概念，它们得到了像狄德罗[1]和萨德侯爵[2]这些作家的拥护，后者反过来又影响了诸多19世纪的浪漫主义作家。在"蔑视"宗教道德的同时，这种时尚又赞扬性虐待。"实际上，狄德罗是那本《自然的体系》[3]最著名的倡导者之一，此书将唯物主义推导出合乎其逻辑的结论，宣称个人对幸福和快乐享有至高无上的权利，以此反对道德和宗教

---

[1] 狄德罗（Diderot，1713—1784），法国启蒙思想家、辩证唯物主义哲学家、文学家，《百科全书》的主编。

[2] 萨德侯爵（Marquis de Sade，1740—1814），法国作家，以色情描写著称，曾因淫乱、性虐待等罪名多次遭监禁，sadism（施虐狂）一词即源于其姓氏。

[3]《自然的体系》出版于1770年，作者为18世纪法国启蒙思想家、哲学家霍尔巴赫（Holbach，1723—1789），该书系统地叙述了18世纪法国唯物主义者的主要思想。

的专制,以自然的名义替性变态的正当性铺平了道路。"(Praz, 1951)

如果不提新科学赋予世人对现实的机械论看法,就无法充分理解这一时期兴起的人类观。在牛顿的宇宙里,纯粹的物理因果关系最终都可简化为空间粒子的盲目运动,人的精神,且不提生命本身这一基本现象,被看作是根本上无意义的。受这种新世界观的影响,试图解释人类行为的知识分子,在机械决定论的前提下发展了自己的理论,他们在动物的原始起源中寻找人类行为的起因,或在社会力量网中寻找个人的角色,试图将显然复杂的人的欲望和目的简化为僵化的物理定律。从这一观点出发,认为男女之间拥有激情满怀的精神关系的观念,似乎是一种愚蠢的"不科学",一种要把纯粹的肉体冲动升华为情投意合的骗人尝试。

在这个理性时代,理性和激情的二分法又卷土重来。知识分子的标志是对情感的蔑视。乔纳森·斯威夫特[1]写道,爱情是"可笑的激情,是不存在的东西,除了在剧本和浪漫故事中"。对于尚福尔[2]而言,爱情只是"两个个体之间的肌肤接触"。(Hunt, 1960)

---

[1] 乔纳森·斯威夫特(Jonathan Swift, 1667—1745),英国讽刺文学大师,代表作为长篇小说《格列佛游记》。
[2] 尚福尔(Sebastien Chamfort, 1741—1794),法国剧作家、杂文家,以风趣著称,所写格言在法国大革命时期成为民间流行的俗语。

从反抗宗教所谓的崇高价值带来的压迫，人们转而反抗世俗人际关系里的高尚价值观——可悲的是，他们是以理性的名义这么做的。这个时期的知识分子没有质疑宗教对兴奋和狂喜的垄断权，他们只是舍弃了兴奋和狂喜。

但是，就像以前的文化认为在理性与情感、精神与智力价值、激情与肉体体验之间存在不可避免的冲突一样，理性时代的文化竟也被其想要漠视的激情迷住了。

亨特（1960）写道："尽管这种文化蔑视情感，坚持认为人的智慧应该控制其行为，但它还是被爱情迷住，或者沉迷于被称为'风流秘事'的爱情特殊变体——一种社交上需要的、复杂的、礼节性的例行调情，诱惑和通奸……正是那些高谈阔论要服从理性的男女，无可救药地沉迷于情感纠葛中，耗费时间，挥霍金钱，在过度淫乐中毁掉健康。"

爱情是游戏，是一种消遣。诱惑和通奸是娱乐。女人应该被恭维、被愚弄、被操纵、被玩弄、被引诱，但绝不能被认真对待。切斯特菲尔德伯爵[1]（同上）在给儿子的信中写道："女人只是长得更大点儿的孩子。她们的饶舌很有趣，有时还很机智，但是，我一生中还从未见过任何一个有严密理性和正确理解能力的

---

[1] 切斯特菲尔德伯爵（Chesterfield, Philip Dormer, 1694—1773），英国外交家、作家，曾任英国驻荷兰大使、国务大臣等，以写给自己在欧洲游学的儿子的家信而闻名。

女人。"

值得注意的是，浪漫爱情不可能与这种反女权主义共存。如果男人产生激情的对象不能被认真对待，激情本身就很难被看作是高贵的。

那么，在这一时期的英国和欧洲文化中，婚姻一般来说几乎不可能以爱情为基础。毫无疑问，例外是有的，而且历代都有，但我们这里要谈的是主流和盛行的文化趋势。

自文艺复兴以来，对世俗幸福观念有同感的人日益增多，这反映在这样一种想法中，即夫妇也许能在婚后产生爱情。在某种程度上，婚姻幸福的合理性开始扎根了。但婚姻主要还是由家庭出于经济或政治考虑安排的，亦即出于钱、权或安全的考虑。

在男女关系领域，当时的启蒙思想家没有提出与其先辈有显著差异或更高明的想法。在接受过往的世代将一个人分裂为肉体与灵魂相互冲突的两半时，他们也确信肉体激情和精神尊重在男女关系中同样是无法融合的。

工业主义、资本主义和男女关系的新视野

然而在其他思想领域，尤其是在科学和政治哲学方面，理性取得了空前和惊人的进步。在这一时期，各知识研究领域的突破与发展极为迅速。在科学领域，思想家宣告凭借人类自身的思维

力量足以揭示大自然的秘密，而不需要依赖任何外部或超自然力量，这给几个世纪以来因教会强行管制而黑暗蒙昧的世界带来了光明。在政治方面，面对几世纪以来一种形式接一种形式的暴政，哲学家发现了人权。这两大发展对19和20世纪的男女关系产生了深远影响。

浪漫爱情作为一种被广为接受的文化价值观及理想婚姻的基础，是19世纪的产物，这一思潮主要是在世俗化和个人主义的文化背景中兴起的。这种文化强调世俗生活，重视并承认个人幸福的重要性。随着工业革命和资本主义的诞生，这种文化在西方世界（尤其是美国）诞生了。

如果不了解更广泛的政治经济背景——它从根本上转变了人类对世俗生活可能性的认知，我们就不可能了解浪漫爱情是如何成为一种文化理想的。随着启蒙运动、工业革命和19世纪资本主义的兴起，随着专制国家的崩溃和自由市场的发展，人类见证了以前没有释放出来的生产力突然释放出来，看到无数在前资本主义经济中无法生存的人有了生活的可能。人们看到死亡率下降，人口爆炸式增长，自己的生活水平提高到了封建男爵想象不到的地步。随着科学、技术和工业的迅速发展，人们第一次看到解放了的思想控制了物质存在。

但是，工业和资本主义带来的结果远不止物质财富爆炸式增长。人类历史上还第一次明确承认了人应该自由选择他们自己的义务。知识自由和经济自由共兴共荣。人类发现了个人权利的概念。

个人主义是改变世界和人际关系的创造性的根本力量。

正是美国,以其有限的宪政制度使资本主义原则,即在自由市场里自由贸易的原则,得以最大限度地实施。在19世纪的美国,人们的生产活动基本上不受政府规约、控制和限制。短短150年时间,美国创造了一种自由、进步、成就、财富、健康的生活,一个直到那时人类发展的总和都无与伦比的生活水准。美国创造了一种追求尘世幸福似乎是自然、正常且可能的环境。

没人比恩格斯更反对资本主义,他把选择性的爱情关系在文化上的升华归因于工业主义和自由市场的兴起:"(资本主义)消除了所有传统关系,代替传统风俗和历史权利的是买卖、'自由'契约。"

但是,只有能自由地处置自己的人身、行动和财产,并且能在平等条件下相见的人才能签订契约。

(在资本主义制度下)在道德理论和诗歌创作中,所有不是以双方自愿的性爱关系和夫妻间真正的自由协议为基础的婚姻都是不道德的,没有什么比这种理论更加牢固而不可动摇的了。简言之,爱情—婚姻被宣告为人权:不仅作为人权,而且,说来也怪,还作为女权。

在男女关系方面，也许女性更能强烈地感受到这个新发展。社会对两性平等的承认，根植于历史上恩格斯十分蔑视的政治经济体系中。对大多数人而言，在资本主义诞生之前，家庭主要是一个经济生存单位。由于大多数人都是靠土地过活，孩子越多，潜在的劳动力就越多，所以妇女作为生育者的角色就至关重要，她的经济生存就取决于这一职能，更笼统地说，取决于她和男人的关系。但在一个工业社会里，随着城市的出现，脑力劳动取代体力劳动成为至关重要的生产力。在机械文明中，体力相对来说没有太多的生存价值。慢慢地，阻力主要来自传统和宗教方面，而非政治上和经济上，妇女有了新的自立的可能。

经过19世纪到20世纪的发展，妇女的经济独立不可抗拒地带来了妇女社会地位和法律地位的独立，为男女关系史无前例地走向平等创造了可能。由宗教而生的反女权主义和反性爱主义在19世纪远未消失，影响虽然在减弱，但还将深入到20世纪。事实上，斗争尚未结束。但是，自从工业化、资本主义和个人主义哲学发展以后，反女权主义和反性爱主义的灭亡已不可避免。今天，反性爱主义和反女权主义已是历史的错误。

不幸的是，今天许多提倡女权的人错误地把资本主义视为自己的敌人。历史真相是，正是资本主义使妇女有独立谋生的可能。正是资本主义及其背后的个人主义哲学，才使女权主义的出现成为历史必然。从工业革命开始，许多社会评论家抱怨资本主义毁坏了封建时代的社会结构及家庭生活制度。他们警告，在资本主义之下取得的男女独立会导致文明的终结。就此而言，他们是正确的：一种与以往任何文明都截然不同的新文明正在孕育之中；这种新文明的特点之一就是男女选择他们与之共享生活的那个人，是基于彼此找到幸福以及互相得到情感满足的期望，而不是出于经济的需要。

浪漫主义文学的影响

工业革命的起点与另一个革命的起点在时间上是一致的，后者对男女关系也产生了深远的影响。这就是文学上的浪漫主义运动。

18世纪末19世纪初的浪漫主义运动捍卫了一种人生观，从根本上改变了西方文化。首先，浪漫主义是个人主义的：它将个人看作自身的目的，以及可以选择人生道路的自由人。其次，浪漫主义有深刻的价值取向：它认为人生并不是主要受外部力量——社会的或某种形而上的力量，或被某种内在"悲剧性的缺陷"控制，而是取决于个体所选择的价值观。实际上，浪漫主义的实质，是对那些有强烈自我意识和独立意识的人的赞美。

作为一个文学流派，浪漫主义是日益高涨的个人主义的表达。这种新运动的基本理念就是男女都是被他们所选的价值观激励的人。价值观被看作是人生的关键和决定性因素。

鉴于典雅爱情已被高度模式化、习俗化和仪式化了，19世纪的浪漫主义者赞赏个人特质和一派纯然的激情。他们的爱情观是希望两个高度个人主义的、精神基本相像的灵魂能结合在一起。因此，找到自己的灵魂伴侣、选择适当的人，是最重要的。

虽然很罕见，但在这种关系中，这是女人首次在智力和激情方面与男人平起平坐。玛丽·沃斯通克拉夫特[1]（1792）在《女权辩护》中强调了妇女的理性和智力。当拜伦[2]的浪漫主义英雄曼弗雷德描述他爱慕的女人时，他告诉我们她拥有和他一样强大的能力："她有着和我一样的孤独思绪和犹豫彷徨，有对神秘知识的探索和领会宇宙的思想……"

虽然这种妇女观在当时并非主流（浪漫主义文学里充斥着堕落、残暴、忧郁、憔悴，有时甚至有施虐癖和受虐癖的男女主角），但显而易见的是，对浪漫主义者而言，理想的关系是拥有同等能力和价值的人之间的关系。

例如英国诗人雪莱这样的激进分子，便以最响亮的声音宣告他们自由选择伴侣的必要性。雪莱坚持，"爱是自由的"。他反对

---

[1] 玛丽·沃斯通克拉夫特（Mary Wollstonecraft，1759—1797），英国作家、哲学家和女权主义者。《女权辩护》是沃斯通克拉夫特最知名的作品，她认为男性和女性都应被视为有理性的生命，并设想了建立在理性之上的社会秩序。

[2] 乔治·戈登·拜伦（George Gordon Byron，1788—1824），英国诗人。其代表作有《恰尔德·哈罗德游记》《唐璜》等。

把婚姻作为一种抑制情感自由的社会经济制度。像拜伦爵士这样既是文化中的英雄又是浪子的人以他们在社会上的粗野行为闻名，他们宣扬自己在无数激情韵事中的浪漫能力，甚至嘲笑对乱伦的限制，再次强调自由选择恋人的重要性。在性关系上，重要的不是性激情是否被法律认可，而是它是否源于两人相爱。

我们通常根据浪漫主义小说、戏剧和诗歌中描写的爱情故事，来了解浪漫主义文学对男女关系的影响。但是，如果这是我们唯一的聚焦点，就忽视了浪漫主义影响的一个更根本的来源。正是在浪漫主义隐含的深奥理论中，即它对生命本性、世界、人性和人生存可能性的看法中，我们才能找到其对文化及文化理想和期望所产生的深刻影响。

在浪漫主义运动诞生之前，西方文明中的文学是由"命运"这一主题主宰的。文学中的男女都是无法控制的无情命运的玩物，他们有时是目中无人的反叛者，有时是悲哀的屈从者，但几乎总会被击败。不管他们作何选择、有何愿望或采取什么行动，命运已经决定了他们人生的最终走向。在浪漫主义文学兴起之前，戏剧、叙事史诗、英雄传奇和编年史都以各种不同的形式传达了同样的信息：男人和女人是命运的人质，被困在一个本质上与他们的利益相对抗的宇宙里；并且，如果他们竟然成功了，也并不是靠自己的努力，而是因为幸运的外部环境。这就是浪漫主义要反叛的人生观。

然而，在有着浪漫情节的小说里，人物的人生历程是由他们所选择的目标决定的。他们通过一系列必须解决的问题，必须克服的障碍，必须解决的冲突——人物价值观之间的冲突或与他人价值观和目的的冲突——通过这一系列连贯、综合的事件去追求自己的目标，最终达到解决问题的高潮。其哲学含义当然是：我们的生活掌握在自己手中，我们的命运由自己塑造，选择是我们生活中最重要的事实。这是文学中的浪漫主义和现代意义上的浪漫爱情之间最深层的连接点。

不幸的是，那些试图将这种人类处境的观点戏剧化的作家都落入了一个陷阱：他们有意或无意中发现，传统道德的价值观不适用于这个世界，无法践行，不可能作为通向成功或幸福的人类指南。这就是为什么许多浪漫小说都有一个悲剧结尾。例如维克多·雨果的《巴黎圣母院》或《笑面人》，这些浪漫小说中的生命意识，本质上是肯定男女的凡尘俗事的。这也是为什么这么多浪漫小说的背景设定在过去某个遥远的历史时期，尤其偏爱中世纪，例如沃尔特·司各特[1]的小说，或者今天的"古装"小说，它们是浪漫派的最后残余，已经从书架上消失了。一部处理作者那个时代关键问题的小说，例如雨果的《悲惨世界》，是一个罕见

---

[1] 沃尔特·司各特（Walter Scott, 1771—1832），英国诗人、小说家。司各特的诗充满浪漫的冒险故事，所作小说内容涉及诸多历史事件，对欧洲历史小说和情节小说的发展很有影响。

的例外。通过逃避当前的问题，浪漫主义者否定了他们自己隐含的对人的效能的基本哲学信仰：他们把个人看作（有时）是英勇的，而生活几乎总是悲剧性的。他们无法成功规划并具体实现个人在尘世生活中的圆满；不论是传统的宗教价值观，还是他们自己固执的个人价值观（往往是极其不合理的），都无法使这种圆满成为可能。浪漫主义作家要么遁入历史，要么躲进极其不切实际的感伤小说中，他们的作品越来越容易受到"逃避主义"的指责。他们发现自己被迫逐渐远离人类生存的实际问题。最终，他们放弃了对所有严肃问题的关注；他们的作品退化为通俗小说，这就是今天它的主要状态。（浪漫爱情理想的反对者通常会指责它们同时还造成了与浪漫主义相关的现实主义的失败。）

19世纪后半叶，浪漫主义者的人生观受到越来越多的攻击，不仅是因为其观点完全不符合当时机械论者—决定论者—唯物主义者的世界观，这种世界观实质上是把人视为不受控制的力量的无助走卒；不仅是因为浪漫主义运动中充斥着对非理性主义和神秘主义的痴迷；不仅是因为它的许多支持者无法从对宗教的破坏性价值取向中解放自己；更根本的是，浪漫主义者没有领会到理性对他们事业的重要性。

他们接受了论敌的理性—情感二分法，宣称自己是感性对抗理性、主观对抗客观的支持者。他们没有意识到理性和激情，或者智力和直觉，都是我们人性的表达和生命力的体现，并不需要相互争斗。他们把理性让给了他们的论敌,这是一个致命的错误。实际上,浪漫主义者与论敌之间的争斗,不是非理性主义者与理性主义者之间的争斗,而是某些方面的非理性主义者与另一些非理性主义者的争斗。两个阵营中都没有出现胜者。

我们已经知道,"浪漫"一词之所以既适用于浪漫主义小说,也适用于浪漫爱情的概念,是因为它将人所选择的价值观作为生活中决定性因素的愿景。但是,浪漫爱情所要求的是理性和激情的结合——一种人类可以接受的主客观之间的平衡,这是19世纪浪漫主义愿景所完全不能提供的。换句话说,浪漫爱情需要的是心理现实主义,而这正是浪漫主义作家所无法提供的。

19世纪:"温顺的"浪漫爱情

尽管19世纪的浪漫主义饱受抨击,但浪漫爱情的理想(从这个词最普遍的意义上来说)还是激起了中产阶级的想象力。中产阶级崛起于旧的哲学、科学以及社会的确定性分崩离析之际。那是在19世纪中叶,科学世界观的含义被充分领悟,作为一长串科学发现中的一个,进化论削弱了长期以来赋予人类存在意义和目的的宗教信仰,人际关系的承诺似乎成为人类体验中唯一稳定、持久和有意义的来源。

马修·阿诺德[1]1867年的诗《多佛滩》中的最后几行,深切道出了爱情似乎已是最后的安全堡垒:

信念之海
曾经,在浑圆的地球岸边,
像一条明亮腰带折起的褶皱。
但我现在只听见
它忧郁、悠长、退缩的吼声,
随着夜风的气息,
退到世界浩瀚阴沉的边缘,
和裸露的海滨砂石边。

啊,爱情,让我们真心相对!
因为我们面前的世界,如梦幻之乡,
如此多样,如此美丽,如此新鲜,
其实没有真正喜悦、爱情,也没有光明,
没有信心、没有和平,没有对痛苦的帮助;
我们在这里犹如在一片黑暗的平原,

---

[1] 马修·阿诺德(Matthew Arnold,1822—1888),英国维多利亚时代诗人和评论家,主要著作有抒情诗《多佛滩》、叙事诗《邵莱布和罗斯托》及论著《文化与无政府状态》等。

被斗争和急逃混淆不清的警报席卷，
夜间，无知的军队在这里发生冲突。

19世纪许多人把爱情看作是这个混乱、变幻莫测的世界里唯一的安全支撑点，是男人和女人可以抱有某种永久希望的唯一价值。正是在中产阶级中，浪漫爱情被"驯服"和家庭化，逐渐被看作是婚姻的适当附属品。在政治自由所引发的社会文化的快速变革以及广泛动荡中，婚姻和家庭被理想化为社会稳定的必要制度，婚姻忠诚实际上成了一种社会义务。这不是一个很浪漫的浪漫爱情观。由于中产阶级的道德观基本上是清教徒式的，而作为新贵他们渴望得到尊重，于是他们驯化了浪漫激情，并使之感伤化：他们维护自由选择伴侣的权利，但在别的方面驯化了浪漫爱情。

维多利亚时代的文化以严厉压制著称。在最糟的时候，其浪漫领域的特点是对家庭生活的幸福采取一种伤感态度，同时严格压制性欲。在这个主要是清教徒构成的社会里，性欲往往被视为男性的野兽激情。而在婚姻中，男人的兽性可以通过一个纯洁、高尚、无性的生物在道德上得以升华，这种形象在一部颇具影响力的小说里被称为"屋里的天使"[1]。维多利亚时代的爱情把相互尊敬、忠诚、爱慕与婚姻结合起来，却极大地抑制了性的因素。

虽然浪漫爱情的标志——自由和个人主义，已经在经济领域被接受，但对个人来说，与社会保持一致的压力依然巨大。尤其是中产阶级，他们渴望受到尊重，几乎没有情感上的开放坦率和性表达的自由，而这些在20世纪的人们看来正是浪漫爱情的基本要素。

然而，有些东西被释放出来后，便无法再阻挡。不可抗拒的变化正在发生。随着妇女在财产方面赢得越来越多的权利，她们的地位也日益提高。婚姻与其说是一种信仰，不如说是一种民事承诺，离婚也越来越成为可能，法律的改变大大方便了人们对爱侣的选择。

终于，在19世纪末20世纪初，一种新的心理学奠定了人们对性行为的新理解，至少在某些方面，将性从"兽性"的宗教观点中解放出来，把性行为看作一种具有深刻心理意义的自然功能。

不过，"弗洛伊德革命"的冲击是自相矛盾的。它在使人们更开明地看待性行为的同时，也以自己的方式强烈地反对浪漫和

---

[1] "屋里的天使"语出英国诗人考文垂·帕特莫尔（Coventry Patmore，1823—1896）发表的长篇叙事诗 *The Angel in the House*，"屋里的天使"指作者眼中完美的妻子形象，忠贞、无私、顺从且贤良。

压制女性。弗洛伊德的反浪漫主义并不包括否认个人选择伴侣的权利，他不是赞成回到包办婚姻。但他宣称爱实际上只是"目标抑制的性行为"，同时认为资产阶级的浪漫主义只不过是对恋人的"过度理想化"，是性渴望受挫的结果。在弗洛伊德看来，浪漫爱情只是隐秘性冲动的一个升华表达。性欲是爱慕的表达，这一观念与弗洛伊德对男女关系的看法格格不入，大概也与他的个人经历大相径庭。以他对女人的看法，他完全同意"小女人"的教条，"小女人"是脆弱的、不太聪明的，需要被男性保护才能免受严酷的现实生活之害。他教导说，由于没有阴茎，女人一生都感到机能不全。因此，一个过于积极地运用自己的聪明才智的女人，或在世俗意义上雄心勃勃的女人，都会被看成是在过度补偿，否认她原本残缺不全的天性。弗洛伊德不是当代女权主义者的英雄。

然而，由于弗洛伊德开辟了研究人类性行为的道路，将永不满足的好奇心的探照灯对准了以前完全不为人所知的领域，且自愿谈论不能讨论的问题，他产生的影响最终解放了人们的思想，也为后来那些反驳他的人铺平了道路——那些后来者将会看得更深入、更清楚。不管他自己怎么想，他还是为浪漫爱情的发展做出了贡献。

美国理想：个人主义和浪漫爱情

我们已经考察了个人主义和浪漫爱情理想之间的密切联系（不管是怎么构想的）。这可以帮助我们理解为什么这一理想首先在美国被广泛接受，以及为什么时至今日，世界许多地区仍把这一理想看作典型的美国理想。

虽然美国文化中对性行为的种种态度深受清教徒的影响（后来是维多利亚时代），虽然反浪漫的"常识"传统在美国通常意味着否认激情的重要性，但19世纪的美国人在文化上仍比其他国家的人享有更多为爱结婚的自由，这为西方世界其他国家树立了榜样。正如19世纪美国社会学家伯吉斯和洛克（Burgess and Locke，1953）在他们的历史研究《家庭：从制度到伴侣关系》中写道："也许只有在美国，至少最完整地展示了浪漫爱情作为婚姻的序幕和主题。"

不怕你说我重复，有必要再次强调美国观念的特别之处，以及它与欧洲历史的彻底决裂之处，那便是它对政治自由史无前例的承诺、不妥协的个人主义、个人权利至高无上的信条。尤其是，它坚信个人有在世上追求自己幸福的权利。今天的美国人很难完全欣赏这一观念的革命性意义，尤其是从欧洲知识分子的角度来看。美国已经被正确地描绘为人类历史上第一个真正的世俗社会，因为它是世界历史上第一个把人看作是有权为自己的幸福而存在的独立个体的国家，而不是把人视为宗教权威、社会或国家的仆人。它是第一个在政治上明确表达这一原则的国家。

除去哲学和政治上的考虑，浪漫爱情在美国文化中的提升或许可以由以下事实来解释：即美国本质上是从一个移民社会开始的，其成员更容易抛弃传统；早期开拓边疆的经济活动本质上更具冒险精神，态度上更开放；早期艰难的生存条件使女人不仅在性或经济方面处于优势地位，而且在各个层面都处于优势地位。

19世纪末20世纪初，人们的流动性越来越强，男女在各种各样的场合和环境里越来越自由地交往。避孕工具随处可得，离婚也越来越为人接受，这更进一步解放了男女关系。20世纪，维多利亚时代性态度的影响力逐渐式微，人们对女性的性行为也越来越理解，男女平等的观念日渐深入人心。

今天，生活在美国的我们在私人生活特别是性生活上享有空前的自由。我们学会把性看作是整体人格的正常表达，而不是天性中"更黑暗的一面"。我们不会再像19世纪的浪漫主义者那样美化悲剧。随着宗教影响力的持续下降，我们不再需要通过放荡来反叛和证明自己的开明。因此，浪漫爱情的"自然"在今天比以往任何时候都更为人接受。

浪漫爱情的批评家

但这并不意味着在现代美国没有人批评浪漫爱情的理想。恰恰相反，许多社会和心理观察家都认为，企图在情感基础上建立长期的婚姻关系，往好了说是幼稚，往差了说是病态或对社会不负责任。

人类学家拉尔夫·林顿[1]在1936年写道："所有社会都承认在异性之间偶尔会产生强烈的情感依恋，但是我们当前的美国文化实际上是唯一一种试图……把这种情感依恋作为婚姻基础的文化……这在大多数社会里都是罕见的，使人想到这种情感依恋是心理异常，而我们的文化却赋予这种心理异常非凡的价值。"

更精准、更有影响力的攻击来自德尼·德·鲁热蒙[2]1940年首次出版的《爱情与西方世界》：

> 在过去7000年里，一个个文明相继出现，但没有任何文明能给予浪漫爱情如此大量的每日宣传……没有任何文明

---

[1] 拉尔夫·林顿（Ralph Linton，1893—1953），美国文化人格学派的主要代表之一，对文化人类学的发展有显著的影响。著有《人类研究》《文化树——世界文化简史》等。

[2] 德尼·德·鲁热蒙（Denis de Rougemont，1906—1985），用法文写作的瑞士作家。他的代表作《爱情与西方世界》结合历史、哲学、宗教、文化的维度，阐述了爱情在西方的历史。

以对一个危险的事业做出如此真诚的担保为开始,即让婚姻与对爱的理解相一致,使婚姻依存于爱情……实际上……无论让浪漫爱情去克服多少障碍,它总是一败涂地。这是时间构成的障碍。现在,要么婚姻是一种制度,建立起来就要持续下去——要么就是毫无意义的……把婚姻建立在本身就不稳定的爱情形式之上,实际上是有益于内华达州[1]……浪漫就是靠障碍、短期的兴奋和分离维系的;婚姻,恰恰相反,是由需要、日常亲密和彼此日益习惯构成的。浪漫呼唤游吟诗人的"遥远的爱",婚姻呼唤"邻人之爱"。

在一次彻底的攻击中,詹姆斯·H.S.博萨德和埃莉诺·S.博尔在《婚姻为什么出错》(Bossand and Boll, 1958)中写道:"如果一个人选择一个伴侣结婚,纯粹是为了个人幸福和个性满足,之后当这个伴侣失去这种作用时,婚姻就消失了……个人主义者和以自我为中心的人之间的界线是非常狭窄的……追求个人幸福的欲望退化为社会疲乏……"

对博萨德和博尔而言,美国人坚持浪漫爱情关系,反映的是"被宠坏的孩子心理"。

---

[1] 美国内华达州关于结婚和离婚的法律相对宽松,10分钟就可办好结婚证,15分钟完成结婚仪式,离婚也不需要任何理由,许多不是内华达州的居民也前往内华达州结婚或离婚。

同样地，在1973年一次关于爱情的讨论会上，一个与会者表达了许多其他参会者的观点，他提出："与在心理层面一样，爱情在社会文化层面上也许就像一根拐杖，妨碍了新社会形式的发展，而这种新形式对于发展一个更好、更令人满意的人文环境和未来社会是很重要的。"

对于更个人层面的攻击，看看美国社会学家约翰·库伯（John F. Cuber）和佩吉·哈罗夫（Peggy B. Harroff）在1965年出版的《美国要人》是很有趣的。他们的书被描述为"富人的性行为研究"。在这项研究中，作者对比了他们遇到的两种婚姻类型：一种是"功利主义婚姻"，其特点是缺乏共同参与或激情，出于社会、财政和家庭的考虑凑在一起，并被迫忍受长期分离、沉浸于"社区活动"及不忠性行为中；另一种是"内在婚姻"，其特点为强烈的情感和性参与，奉行尽情分享生活经验的方针，并把婚姻关系看作社会生活中最有趣、最激动人心和圆满的关系，换句话说，是浪漫的爱情。根据作者的看法，身处"内在婚姻"中的伴侣对于他们的时间往往非常自私，他们不愿参与会使他们与伴侣分离的社会、政治、社区或其他活动，除非他们确信有充分的理由。据作者看来，虽然这种类型的婚姻关系容易激起生活在"功利主义婚姻"中的那些人的羡慕，但也挑起了不少怨气和敌意。作者引用了表达这种敌对情绪的话，比如"这些未成熟的人"多少要"向我们看齐"。一位受过心理学训练的男士宣称：

"迟早你会做和你年龄相称的事。独自相处的人一定有某种心理问题——如果没有，很快也会冒出问题来。"

他们还引述另一位心理学家的话，有力断言，"任何必须如此亲密的男人或女人简直是有毛病。他一定需要一个配偶作支撑！他太依赖了！一定有什么毛病。"（这些消极情绪并不表示本书作者的看法。）

批评家指出，浪漫爱情环境最佳的国家也是世界上离婚率最高的国家。但极高的离婚率并不自然等于对浪漫爱情的指控，或者说，它暗示了美国人是多么忠实于婚姻幸福的理想，以至于不愿意忍耐痛苦的生活。许多人都有这样的经历：努力去实现浪漫，但即使不是惨败也是大失所望，这是无可争辩的事实，觉醒和幻灭是一种普遍现象。如今，交换配偶、群婚、性公社、多对配偶家庭、三人"婚姻"等开放试验[1]，所有这些都意味着似乎越来越多的人正在探索实现个人圆满的可选道路，但还没有人宣称有任何激动人心的成功纪录。这些关系结构的变化似乎并没有触及根本。问题显然存在于比这些解决方案更深的层面上。

人类在人际关系中很难持续获得幸福，这个问题是一个无法拒绝、不容置疑的现实，这也促使我们更深入地思考爱情，以及

---

[1] 这里所举出的例子是为说明以美国为代表的西方社会所存在的一些现象。这些关系并不受法律保护，甚至可能违背公序良俗或涉嫌违法。——编者注

爱情与关系所依赖的事物。

但首先，让我们暂停一下，对为什么浪漫爱情会受到如此严厉的批评再稍作思考。

对浪漫爱情的不实之词

对浪漫爱情最常见的批评，大多建立在对那些声称"相爱"的人之间不成熟或非理性行为的观察上，然后得出结论，应该批判这样的浪漫爱情。在这种情况下，这些争论实际上针对的根本不是浪漫爱情——如果人们把浪漫爱情理解为"男女之间一种充满激情的'精神—情感—性爱'的爱恋，它反映了男女双方高度尊重对方的价值"的话。

例如，有些男女在经历了强烈的性吸引之后，断定他们"彼此相爱"，进而在性吸引的基础上结婚，无视他们几乎没有共同的价值观或兴趣爱好，对彼此并无仰慕之情。他们主要出于相互依赖的需求而绑在一起，性格和气质都不相容；事实上，他们对于彼此作为一个人几乎没有真正的兴趣。这种关系当然注定要失败。他们并不能代表浪漫爱情，将他们视为浪漫爱情的典型，无异于一个伪命题。

要爱一个人，需要了解并且爱其人格。这需要以理解能力为前提，并且是相当清晰的理解。人们常认为，浪漫恋人表现出一种强烈的倾向，会理想化或美化他们的伴侣，对恋人产生错觉，夸大对方的美德并对其缺点视而不见。当然，这种情况有时会发生。但这不是必然存在于爱情里的固有本质。认为爱情是盲目的，等于宣称人和人之间不可能存在激发爱情的那种真正而深厚的亲和力。这种论点与那些既看到伴侣的弱点也看到伴侣的长处，并且热烈相爱的男女的经验是相悖的。

有时人们又认为，鲁热蒙也是这么认为的（以及在他之前的弗洛伊德也是），浪漫爱情的体验纯粹是由性挫折引起的，因此，在两性结合之后很快就会消亡。挫折可能会造成挥之不去的渴求，并养成赋予渴求对象临时价值的倾向；然而，任何认为浪漫爱情不可能在性圆满之后幸存下来的人，都是在发表一份发人深省的个人声明，同时也暴露出对他人经历的异常无知或漠不关心。

有人认为，既然大多数夫妇实际上在婚后不久就因幻灭而痛苦，那么浪漫爱情的经历一定是一种错觉。然而，许多人在他们职业生涯的某个阶段都会感到幻灭，但他们通常并不会因此就认为追求有意义的事业是错误的。许多人在自己孩子的身上也会感到某种失望，但这也不意味着他们认为想要孩子的欲望本质上是不成熟和神经质的。相反，人们普遍认识到，要想在事业或养育孩子上取得成功，所需的条件可能比人们通常认为的更高、更难。

浪漫爱情并非万能，是那些相信它是万能的人太不成熟了，还不具备接受浪漫爱情的条件。考虑到许多人在浪漫爱情关系中存在大量的心理问题——他们怀着疑虑、恐惧、不安全感和微弱不定的自尊；考虑到多数人还从未懂得爱情关系就像生活中的其他价值一样，需要自觉、勇气、知识和智慧来维系，那么多数"浪漫"关系以失望告终也就没什么令人惊讶的了。但是，以这些理由来指控浪漫爱情，等于说如果爱情不能无限维系幸福和圆满，那么它在某种程度上就是错的，是一种错觉，甚而是一种神经质。可以肯定地说，错的不是浪漫爱情的理想，而是对它提出的非理性和不可能的要求。

一些对浪漫爱情的攻击，至少其根源一点也不复杂，就是妒忌。正如前面从《美国要人》中所引的段落暗示的那样，妒忌、个人不幸和不了解那些享受生活的能力比自己强的人的心理。而要摆脱这样的感觉非常困难。

还有更深刻的哲学问题需要考虑。正如对浪漫爱情的倡导是在特定历史和哲学背景下产生的，当代许多对浪漫爱情的攻击也是如此。

我们在这里再谈谈部族心态，这意味着我们要再谈及伦理和政治理论。看到当代知识分子对浪漫爱情发起的许多攻击，我发现自己常常想起印在纳粹硬币上的一句口号："公共利益高于个人利益。"希特勒也宣称："在寻求自身幸福的过程中，人们更容易从天堂掉入地狱。"

人类历史的一个悲剧是，大多数具有世界影响力的伦理体系，本质上都是自我牺牲主题的变异。无私等同于美德，自私——尊重自己的需要和要求——则被视为罪恶的同义词。在这样的伦理体系下，个人总是受害者，被扭曲后反抗自己，受命要"无私"地为某种所谓更高价值——如上帝、法老、皇帝、国王、社会、国家或宇宙——牺牲服务。这是我们历史上的一个奇怪悖论，这一让我们实际上把自己看作祭牲的信条，却被普遍认为象征着人类的仁爱。我们只需看由此导致的后果，就能判断"仁爱"的性质。从几千年前第一个为了部族利益而在祭坛上牺牲的人，到为了大众的利益或上帝的荣耀被绑在火刑柱上烧死的异教徒和异见分子，再到为了种族的利益在毒气室或奴隶劳动营里被灭绝的千百万人，正是这种道德观为过去或现在的专制国家和每一次暴行提供了正当理由。

"个人利益必须从属于更大整体的利益"，这个基本假定使这种屠杀成为可能，而能挑战此假定的知识分子寥寥无几。他们为这项原则的具体应用而争论，为谁应该为谁牺牲和为了谁的利益而争论；当不赞成某人对受害者和受益人的特定选择时，他们表现出惊恐和愤怒；但是，他们没有质疑这个基本原则：个人是牺牲的对象。

因此，在回顾那些认为浪漫爱情忽视"群众的更高利益"的相关抨击时,我倒很想知道在我们认识到个人利益高于一切之前,还有多少人的未来会遭殃。(Branden,1993,1996,1997)

稍后,我们将回到爱情和自私的主题。但是,无论人类为了在男女关系中获得圆满采取何种解决办法,都不包括放弃追求个人幸福的权利。

最后,让我们回到这部分讨论开始时对浪漫爱情的奇特批评上。林顿主张,在其他文化中鲜有浪漫爱情,表明它也许是我们自己文化中的"心理异常"。我们只需要注意到,根据这种逻辑,我们应该谴责美国文明中许多其他异常现象,例如美国更高的生活水平,对个人权利空前的认可,更大程度的政治自由——所有这些在其他文化里也都是罕见的。

相对于世界其他地方,美国在许多领域都富有创新精神。美国对浪漫爱情的重视的确使它有别于许多其他文化,而别的文化中受教育的阶层也越来越渴望达到美国理想。在许多情况下,他们抛掉了现在已经过时的爱情和婚姻理念。

论人类潜能运动

在回到我们的主题之前,我想谈些题外话,谈谈也许看上去与浪漫爱情主题相去甚远,但又对其有间接影响的领域。这和20世纪人类潜能运动的兴起有关。

这里我们会再次谈到个人主义问题，让我们先厘清对其意义的理解。个人主义既是一个政治伦理学概念，又是一个伦理心理学概念。作为前者，个人主义维护个人权利至高无上的地位，人本身就是目的，而不是达成别人目的的手段，而且人生的正确目标是自我实现或自我圆满。作为后者，个人主义认为一个人应该独立思考和判断，唯一应该尊重的是自己的思想主权，它和自治的概念（我以后会谈到）密切相关。

除了上述社会和文化活动之外，在20世纪后半叶，个人主义的历史浪潮还引发了心理学界一个非常重要的现象——"人类潜能运动"。这既是对精神分析和行为主义所坚持的狭隘的、归纳主义的人类观的反叛，也是对"人"的意义更广泛全面的理解，同时也是对人性"更高"可能性的追求。与主要是关注疾病、治疗疾病的传统心理学和精神病学相比，人类潜能运动针对的是人"正常"的一面，关注一切成长、自我实现（即使之成真，使之成为现实）、积极潜能的开发和实现。

在本书讨论的语境中，特别有趣的是人类潜能运动在今天所受到的攻击，其原因和对浪漫爱情的某些攻击居然异常相似。它被指控为"以自我为中心""自我放纵""中产阶级现象"，它的支持者们被指责在关心自我时对"世界作为一个整体"的问题漠不关心。

人类潜能运动确实是"中产阶级现象"——正如浪漫爱情最

初被广泛接受时一样。显然，正在为肉体生存而斗争的人们，每天都要面对疾病和饥饿的问题，几乎没法顾及"自我实现"。担忧"自我实现"的，通常是那些已有相当程度物质财富但还想要更多的人。但他们想要的不是物质上的更多，而是精神、心理、情感和智力上的更多。人类潜能运动只能出现在一个富裕的社会，它是"美国现象"。

诚然，这个运动有很多简直是愚蠢的地方，堪与西进运动媲美——有热情、天才的火花零星闪现，以及一大堆卖狗皮膏药的人。肯定会出现这种现象，这就是各种运动初期的常见模式。不幸的是，许多人类潜能运动的支持者在回应对自私的指控时，越来越多地采取了道歉和防御的姿态。当然，追求自我实现是自私的，追求身体健康是自私的，追求神智健全是自私的，追求幸福是自私的，追求呼吸下一口空气也是自私的。

几千年自我牺牲道德观的教化，使人极害怕承认显而易见的事实：在关系到个人发展时，人们是由自身利益所驱动的，并且有权受自身利益的驱动。于是我们目睹了一幅糟糕景象，许多人类潜能运动的支持者解释说，他们真正做的是在通过"自我完善"使自己成为人类更好的仆人，这相当于承认了只有社会正当理由才可被接受。

在这些对人类潜能运动的攻击中，隐含着一个假设，它与某些对浪漫爱情的攻击有直接相似之处，即关心自我实现或个人圆满，本质上是反社会或对社会不负责任的。这种主张完全没有根据，而且有压倒性的证据支持恰好相反的观点。不爱自己的人很难去爱他人；不尊重自己的人很难尊重别人；有过刻骨铭心的不安全感和自我怀疑的人，往往会把其他人看作是威胁和怀有敌意。

事实上，如果看一下人类进步的历史，回顾我们从洞穴到现代文明的每一步，以及使这种进步成为可能的才华、胆略、勇气和创造性，你不禁会被这样的事实所震撼，即我们应该非常感激那些一生致力于发现和履行自己天命的人——艺术家、科学家、哲学家、发明家和实业家，他们的生命道路显然是一条自我发展、自我实现的道路。

从正面看，人类潜能运动帮助创造了一股新鲜理智的风气来探讨浪漫爱情的主题。在反对还原主义、机械论者的人性观（把人类看作机器）时，其拥护者将诸如"头脑""知觉""选择"和"目的"等观念作为新的视角引入了心理学。在物理学和生物学方面的发现已经推翻了机械唯物主义，并且义无反顾地走向现在常常被描述为有机的而不是机械的宇宙模型。路德维希·冯·贝塔朗菲[1]在《生活问题》中写道："整体性、组织性、动力学这些一

---

[1] 路德维希·冯·贝塔朗菲（Ludwig von Bertalanffy，1901—1972），美籍奥地利生物学家、一般系统论的主要创始人。其重要贡献之一是建立关于生命组织的机体论，并从生命组织的机体概念出发，形成生物学的一般理论，最后发展成一般系统论。

般概念，也许可以表述为与机械物理学相对的现代物理学世界观的特征。"

生物学无法离开诸如功能、目的和意识这样的概念，而近几十年来，这些概念越来越有"地位"了。那些企图把人降为一个被动的机器，把人的行为、价值观和选择解释为社会和本能力量的机械产物的做法已无法再继续自圆其说；它忽略了太多证据，过多地伤害了人的感受，有太多不合理的推理，正如许多哲学家在物理学和生物学的新发展之前就早已指出的那样。认为"硬科学"能为还原论提供任何支持或可信度的错觉，现在消失了。

在新兴的理解背景下，人们认识到，我们现在可以谈论"精神渴望"和"精神亲和力"，而不带有任何神学、非理性或先见的含义。我们现在可以更加自由地看待人，并且看到明摆着的事实：我们不是机器，或者我们不"只"或不"仅仅"是机器。

机器人不会谈恋爱，靠本能操作的木偶也不会。我想行为主义者最喜欢的调查对象老鼠和鸽子也不会。我们是这个星球上进化程度最高的物种。我们的意识在范围和复杂性上是空前的。我们与众不同的意识形式，是我们特殊的人类需求和能力的源泉。其表现形式之一就是体验浪漫爱情。

浪漫爱情不是待弃无用的神话，而是我们多数人等待诞生的发现。

需要对浪漫爱情有新的理解

显而易见,"光有爱情是不够的"。

两人彼此相爱,并不保证他们就能创造出快乐有益的关系。他们的爱情不保证他们的成熟和智慧;然而,如果没有这些品质,他们的爱情就会岌岌可危。他们的爱情不会自动教他们交流的技巧、解决冲突的有效方法,也不会教他们将爱情融入生活的艺术;可是缺乏这样的知识,就会导致爱情死亡。他们的爱情不会生成自尊;爱情也许能加强自尊,但不能创造自尊;没有自尊,爱情不可能生存,更不用说健康发展了。即使在成熟的、已经自我实现的个体之间,爱情也未必是永恒的。随着人们不断成长和进化,他们的需求和欲望的侧重点会改变或转移。新的目标和渴望可能会涌现,造成关系裂痕。这并不意味着爱情已经"失败"了。给两个人提供极大快乐、滋养和激励的结合,并不仅仅因为不能永恒而"失败",它仍然是一个人欣然拥有的一次经历。

当人们创造出包括"至死不渝"类似套话的婚礼仪式时,有望活过二十几岁的人寥寥无几。当一个人在 26 岁死去时,他很可能已经娶过三个妻子,其中两个死于分娩。在这种背景下的"永恒",与我们今天所理解的意思是不同的。今天我们都有望活到七八十岁。

有时造成失败的感觉,不是爱情没有给两人带来快乐和圆满，而是他们也许还不知道什么时候该放弃。他们苦苦挣扎要保住已经消失的爱情，错误地把他们努力的痛苦和失望称作"浪漫爱情的失败"。因此，我们需要重新思考对浪漫爱情的理解，它意味着什么，它能给予什么样的体验，满足了什么需求，以及依赖什么条件。我们需要单独地把浪漫爱情看作是男女之间独特的相会、独特的经历和独特的冒险——可能但不是必须涉及婚姻，可能但不是必须涉及孩子，可能但不是必须涉及性专一，可能但不是必须涉及"至死不渝"。

在当下的历史时刻，我们正处于浪漫爱情的危机之中，并不是因为其理想是不合理的，而是因为我们仍在掌握其含义的过程中，仍然处在理解其哲学预想和心理要求的过程中。现在让我们比较详细地探索浪漫爱情的心理根源，探讨它要努力满足的需求，以及成功或失败的条件。让我们想想爱情是什么，为什么会有爱情，为什么爱情有时会发展，有时会消亡。

第二章

浪漫爱情的根源

―――

Chapter Two
The Roots of Romantic Love

开场白：首先，自我——然后，可能性

当一个男人和一个女人相遇，产生浪漫爱情，寻求结合与融合，寻求最亲密接触的体验时，他们是从各自孤独的处境走到一起的。理解这一点对我们随后要谈的一切至关重要。奇特的是，要理解浪漫爱情，我们必须从理解孤独开始，这是我们的普遍处境。

一开始我们就是孤独的，并且不知道我们是孤独的。新生儿不会区分自我和非自我；他们没有自我意识，至少没有像我们成人体验到的这种自我意识。

引用马勒、派因和伯格曼在《儿童的心理发育》（*The Psychological Birth of the Human Infant*）中所说："人类婴儿的生理诞生和个人的心理发育不是同时的。前者是一个戏剧化、可观

察、界限分明的事件，后者是一个慢慢展开的内在过程。"

发现边界——发现自我在哪里结束以及外部世界从哪里开始，掌握和消化分离的事实——是婴儿期最重要的任务之一，正常发展即取决于此。

这个成熟过程的第二个重叠部分是个性化：获取那些基本的运动和认知技能，再加上最初的身体和个人身份认同，代表了孩子自主性的基础，即孩子有主见、自我调整和自我负责的能力。独立和个性化标志着一个孩子作为人的诞生。

这些概念不仅适用于人的早期发展，还有更广泛的意义，在人的一生中都会不断地展现出来。

如果我们把独立和个性化不仅当作婴儿独特的成长过程，而是适用于所有人的成长过程来理解，就能把它们看作随着人的机体成熟和进化在越来越高级的水平上不断重现的主题。要了解孩子顺利长大成人的基本模式是容易的，无非是从学习走路到选择职业及成家立业。我们可以看到，同样的过程在一个女人的奋斗中运转。当女人的母亲角色被过分认定，那么孩子长大成人时，她就要面对自己是谁的挑战性问题，因为孩子不再依赖她了，她同样要参与独立和个性化的过程，要为自主而奋斗。当婚姻以离婚告终时，或多年的生活伴侣去世时，一个人也一定会遇到超出以往关系背景的身份问题，再说一遍，这里涉及的还是独立和个性化的过程。

我们可以努力回避我们最终孤独这一事实，但它始终摆在我们面前。浪漫爱情可以滋养我们，但无法成为个人身份的替代。当我们试图否认这些真相时，我们通过附庸、剥削、支配、奉承和我们自己未公开承认的焦虑毁坏了我们的关系。

也许人类进化的本质，就是在越来越深的层次上不断回答一个基本问题：我是谁？我们通过思考、感觉和行动来回答这个问题，来定义我们自己——学会为我们的生活和福祉承担越来越多的责任，并通过工作和人际关系越来越明确地表达我们是谁。这就是"个性化"概念更广泛的意义，它代表着一项终身任务。

当孩子发现自己的认知、情感、判断与父母或其他家庭成员有冲突时，产生了是听从自我的声音，还是否认自我、赞成他人的问题；当一个女人认为她的丈夫在一些根本问题上犯了错时，产生了要表达自己的思想，还是压制它们以保护夫妻关系的"亲密"的问题；当一个艺术家或科学家突然看到一条道路可能会带领自己远离同事们一致认可的信念和价值观，远离当代倾向和主流观点时，问题就来了，是沿着这条孤独的路走下去，无论通向何方，还是退回去忘记自己所看到的，并把自己的观点限制在能与别人轻易分享的程度——所有这些问题本质是一样的。一个人应该尊重自己内心发出的信号，还是否认它们？自主与顺从相对，自我表达与自我否定相对。

创新者和创造者比一般人更能接受孤独。他们更愿意跟着自己的观点走，即使这样会带他们远离人群大陆。未开发的空间不会把他们吓倒——或者说，无论如何，他们不会像周围的人那么害怕。这就是他们力量的秘诀。我们称为天才的东西，与勇气和胆量有很大关系，与"神经"有很大关系。

呼吸不是社会行为。思想也不是。当然，我们会互动；我们向别人学习；我们使用共同的语言；我们表达思想，描述幻想，沟通感情；我们互相影响。但是意识本质上永远是私密的。归根结底，从意识的角度看，我们每个人都是孤岛——这就是我们孤独的根源。

人活着就是成为一个独立的个体。作为一个有意识的个体，至少在某些方面是以一种独特的视角来感受世界的。作为一个神志清醒且有自我意识的人，哪怕只是一瞬间，都会在自己的内心深处遇到孤独这一无法改变的事实。

独处需要自我负责。没人会为我们着想，没人会为我们感受，没人会代替我们去生活，除了我们自己没人会给予我们存在的意义。对多数人来说，这个事实相当恐怖。这也许是他们生命中一直在强烈抵制、激烈否认的事实。

他们否认的形式无休无止：拒绝思考，不加鉴别地跟随别人的信仰；为了迎合而否认自己最深的感情；为了避免采取独立立场，假装无助、假装糊涂、假装愚钝；抱住如果没有得到这个人或那个人的爱就会死的信念不放；参加各种群众运动或"事业"，这些运动或"事业"承诺可以免除一个人独立判断的责任并使个人身份认同毫无必要；思想上屈服于领导；为了象征意义和抽象概念去杀戮和送命，而这些东西承诺为个人的存在授予荣耀与意义，个人无须付出任何努力，除了服从；付出自己所有的精力去操纵人们献出"爱"。

有许多我们并不孤独的方面，但没有一个与上述矛盾。作为人，我们与人类社会的所有其他成员息息相关。作为生命体，我们与所有其他形式的生命息息相关。作为宇宙的居民，我们与万物联系在一起。我们身处一个无边的关系网中。分离和联结是相反的两极，其中每一极都需要另一极。我们都是宇宙的一部分，确实如此。但在这个宇宙之中，我们每个人都是单个的意识点，一个独特的事件，一个私有的、不可重复的世界。

如果我们不了解这一点，就不可能了解我们结合和融合时令人狂喜的体验，就不可能理解当我们感觉自己与万物融为一体时，那些非凡平静和极乐的时刻，就无法理解浪漫爱情的狂喜。

人生的悲剧性讽刺（这点怎么强调也不过分）就是试图否认孤独，结果否定了爱。没有这个我爱的"我"，爱有什么意义？首先，有了自我——然后，有了可能：一个自我遇到另一个自我的极度喜悦。

关于爱情的定义

我们还没准备好直接谈论浪漫爱情。我们必须从审视一般意义上的爱入手，即爱本身。浪漫爱情是这个更宽范畴内的一个特例。我们能感受到许多不同的爱，从浪漫爱情到父母与孩子之间的爱，从朋友之爱到人对动物的爱，等等。但是，有些观点适用于所有类型的爱，有些真理普遍适用于爱本身，这些是随后讨论浪漫爱情的必要基础。

在最普遍的意义上，爱是我们对自己高度重视的事物的情感反应。同样地，爱是在所爱对象的存在中体验欢乐，在亲近中体验欢乐，在互动和参与中体验欢乐。爱情就是喜欢你爱的那个人。那个人出现，你就感到快乐，跟那个人接触，你就感到心满意足。我们体验到，我们所爱之人是满足我们万分重要的需求的源泉。（我们所爱的人进入房间，我们的眼睛和心都被点亮了。我们看着这个人，喜悦之情在心中油然而起。我们伸出手去触摸爱人，就感到快乐、满足。）

但是，爱情不仅仅是一种情感，还是一种判断，一种评估和一种行动倾向。事实上，所有情感都需要评估和行动倾向。关于情感，我们首先要承认的是它们的价值反应。它们是一种自动的心理反应，是对我们觉察到的现实中某一方面（包括精神和生理特征）有利或有害关系的下意识评估。

如果停下来思考所有情感反应，从爱到害怕再到愤怒，我们都可以看到隐含在每种反应中的双重价值判断。每种情感都反映了"支持我"或"反对我"以及"在何种程度上"的判断。因此，情感根据其内容和强度的不同而不同。严格来讲，这不是两个孤立的价值判断，而是构成同一判断所必需的两个方面，而且是作为一种反应来体验的。

爱情是对"支持我""为我好""对我的生活有利"这一评估最高、最强烈的表达。（在我们爱的那个人身上，我们看到了许多我们认为最适合我们生活的痕迹和特征——就我们理解和体验的生活而言——这些痕迹和特征对我们的利益和幸福来说也最悦人心意。）每种情感都包含一个固有的行动倾向，即会出现一些与那种情感相关的冲动。恐惧的情感是一个人对自己的价值受到威胁的反应，意味着避免或逃离恐惧对象的行动倾向；爱的情感蕴含着与所爱的人有某种形式的接触、某种形式的互动或参与的行动倾向。（这就可以理解了，有时恋人会抱怨说："你说你爱我，但是从你的行动中，我从来都看不出来。你不想花时间和我单独在一起，你不想和我说话，如果你爱我，你怎么可能做出跟别人一样的事？"）

最后，在更根本的意义上，我们也许可以把爱描述为代表一种取向、一种态度或者对所爱之人的一种心理状态，这种状态比任何瞬间变化的感觉或情感更深、更持久。作为一种取向，爱情代表一种倾向，即把所爱的人视为极为重要的个人价值的化身——因此，它是一种真正或潜在的快乐源泉。

父母与子女之间的爱：一个特例

　　亚里士多德建议，如果我们想要了解爱，应该把朋友间的友谊看作典型关系，根据这种关系来衡量、比较和对比其他关系。友谊的发展大致相同，朋友在一起有共同的价值观、兴趣爱好，而且相互倾慕。随着我们越来越深入探讨爱的本质，就会明白这个观点很有启发。甚至对于浪漫爱情，这是最可取的观点。

　　奇怪的是，一种截然不同的关系，即父母和子女之间的关系，有时被看作是掌握爱的精髓的理想切入点——而且，通常是"健康"或"理想"的人际关系。例如，人类学家阿什利·蒙塔古所采取的立场就是这样，他写道："我相信，人们普遍认为母亲和婴儿的关系也许比任何其他关系更能表明爱的精髓。"我认为这种看法很可能是错误的，以下是我的理由。

　　首先，如果我们研究一下几个世纪以来哲学家和心理学家对爱情的分析，以及围绕这些立场的诸多争议，显然蒙塔古的观点绝不是被普遍承认的。不过，既然那么多人持这种观点，就有必要对之进行反驳。

　　蒙塔古通过以下观察将我们引向他的结论：

从诞生的那一刻起，婴儿就需要和母亲有爱的相互交流。从一开始婴儿就能给母亲带来极大好处——如果母亲和婴儿的关系没有受干扰……（如果）婴儿留在母亲身边，并得到母乳喂养，那么，造成悲剧和烦恼……的三个问题，在多数情况下就能迎刃而解……产后子宫出血……减少了，几乎在几分钟之内，子宫开始收缩到几乎正常的大小，胎盘剥离娩出……当然，婴儿接着也得到好处……记住……母亲和孩子得到不断增长的好处，或许我们可以说……爱是一种人与人之间的关系，它有助于每个人的福利和发展。

婴儿和母亲之间在生理和心理上的互惠是不容置疑的。同样，如果我买了一本书并且付了钱，书店老板用所赚的一部分钱支持他自己的继续教育，我们之间显然都对彼此的福利和发展做出了贡献。但这不等于说书店老板和我彼此相爱。所以，你马上就清楚蒙塔古对爱的定义中缺少一些根本的东西。

而且，虽然母亲有施惠婴儿的意图，婴儿却没有施惠母亲的意图。起初，婴儿甚至没有意识到母亲是一个独立的人。那么，在什么意义上可以说婴儿是"爱"母亲的呢？

请注意，这种特殊关系是不平等关系的终极案例。在意识目的的层面上，一方几乎完全是施惠者，另一方几乎完全是受惠者。这种关系如果存在于成人之间，通常会被认为是剥削和寄生关系。而由于显而易见的生物学原因，人们不会这样看待婴儿和母亲之间的关系。

相对于一般意义上我们对爱的理解，尤其是对浪漫爱情的理解，子女和父母关系的意义，在次序上是非常不同的。母亲或代理母亲是小孩生命中第一个人类代表，在她身上婴儿能获取安全感和安全，学会体验信任，学会体验把另一个人作为快乐和满足的源泉，这种体验对于爱是可贵的准备。理论上，孩子所获得的是爱的能力的情感基础。但是，这不应该与爱情体验本身相混淆，爱情需要等婴儿长大成熟以后才能体验。

即使孩子发育到能主动去爱时，子女和父母的关系仍然是个"特例"，不能作为一般意义上爱情的原型。至少直到孩子成年之前，亲子间仍然存在不平等的问题，以及这种不平等所带来的种种限制。

爱的需求和渴望

在寻求对浪漫爱情的理解时，我们要了解浪漫爱情所满足的特殊心理需求，以及这些需求的根源。

想想我们对人类伙伴的需求，我们对可尊敬、仰慕、重视的人的需求，在我们存在的各个层次上用各种方式互动的需求。几乎每个人都经历过对伙伴、友谊和爱的渴望，这是人类的天性，无须解释。有时，人们会用所谓人类拥有的"群居本能"进行伪解释。但是，这说明不了什么。

我们可以说我们对伙伴的渴望，能部分地由以下事实来解释：在社会环境中生活及待人接物、交换物品和服务等，可以给我们提供一种比我们自己在荒岛或自给自足的农场要强一万倍的生存方式。显而易见，我们会发现，比起在价值观和性格上与我们相抵触的男女，与那些在重要事务上价值观与我们一致的男女打交道更有利。通常，我们对那些和我们有共同价值观、行为方式对我们的存在更有利的人更容易产生善或爱的感情。不过，不难看出，这样的回答不能解决根本问题，这些实用的、存在主义的考虑不足以解释我们要探讨的现象。

对伙伴和爱的渴望源于更加亲密的考虑，根本上而言，更多反映的是心理上的动机而非存在主义的动机。几乎每个人都意识到自己对伴侣的渴望，渴望有人交谈、有人陪伴、被理解、相互分享经历——渴望与另一个人在情感上亲密无间——当然，不同的人对这种渴望的强度有很大区别。

让我们先着重谈谈对爱的需求和渴望。它源于我们对价值的深刻需求，我们需要发现这个世界上我们能够关心、能够感到兴奋和受到鼓舞的事物。正是我们的价值观把我们和世界连在一起，激励我们继续生活。每一个行动都是为了获得或保护我们认为有益于自己生活或丰富自己经验的事物。

如果一个人从婴儿期开始，就完全没法在周围环境里找到任何有营养、有益处或者有乐趣的东西，那么还有什么能激励这样一个人坚持不懈地为生存而奋斗呢？他的成长和发展难道不是一开始就停滞了吗？一个什么都不在乎的人是不想活下去的（除非他到了怕死的程度）。

在任何年龄——准确地说，直至我们发现值得追求的特殊价值——生命都是有价值的。如果一个孩子在他的环境里找不到任何能够带来快乐的东西，没有任何能让他感兴趣、好奇和兴奋的东西，那么他几乎注定要灭亡。这样的孩子在生命的最初几年就无法生存。

孩子需要在他们的世界中找到快乐，在各种各样的活动中找到快乐，在他们物质环境的不同方面找到欢乐，在与其他人相处时也希望得到欢乐。孩子是有活力的，不仅仅是一个被动接受者。孩子想去爱的这一需求，和被爱的需求一样强，甚至更强。随着他们的成熟，这一点依然是事实。

作为成人，我们都知道爱的能力没处发挥的痛苦。我们希望体验倾慕，渴望见到我们真正感到喜悦和尊敬的人与成就。并且，如果这种渴望得不到满足，我们就会感到疏远和压抑。我们生活在世界上，我们希望相信世界的可能性。我们活着，我们希望看到生命的胜利。我们是人，我们希望与催人奋进的人类代表交往。

如果我们有健康的自尊，就更容易自觉地意识到这个问题。如果我们极度缺乏安全感，这种需求也许会因为羡慕、嫉妒或怨恨那些比我们生活得更美满的人而变得扭曲。但需求依然存在。

我想起了曾听到的一些悲伤感受，有些人经过多年的艰苦奋斗后取得了成功，结果却发现与他们的梦想和期望相反，他们进入上层之后遇到的人，并不比他们未成功前遇到的人有趣或催人奋进。我也会想到那些才华出众、成就卓著的人，有时会表达出希望能有热烈倾慕的某人或某事的痛苦渴望。

在这方面我们都是孩子，希望在周围的世界里能找到照亮我们旅途并值得我们去奋斗的那些明灯。热恋的价值之一，在于它允许我们行使爱的能力。它为我们的能量提供了一个渠道，它是催人奋进的源泉，是生存的福祉，是对生命价值的肯定。

但是，爱的渴望以及被爱的渴望还包含其他因素。让我们进一步来看。

浪漫爱情的核心：穆特尼克原理

至此，我想谈谈自己生活中对我理解爱情和人际关系起到关键作用的两件事。我在《自尊心理学》中简要叙述过这个故事。

这里会有一个更详细的版本。我不知道还有什么比这更有效的方式，使大家理解我认为的浪漫爱情的核心意义。

这里我要谈谈"穆特尼克原理"，这是一开始我对它的命名，后来正式叫作"心理可见性原理"。我们将看到，相互心理可见性的强烈体验，正是浪漫爱情的核心。让我们看看这意味着什么，怎么会这样，以及为什么会这样。

1960年的一天下午，我独自坐在公寓客厅里，怀着愉快的心情仔细观赏靠墙的一棵大喜林芋。这是我以前体验过的乐趣，但我又突然想知道：这种乐趣的本质是什么？它的起因是什么？尽管我后来成了一名自然爱好者，但在那个时候，我不会把自己描述为自然爱好者。我意识到伴随我观赏喜林芋时的那种正面感觉，但无法解释这种感觉。

这种愉悦基本上和审美没什么关系。如果我知道这株植物是仿真的，其审美特征保持不变，但我的反应会发生根本变化：我所体验到的那种特别的乐趣将消失。我感到快乐，是因为我知道这株植物是健康的、生机勃勃的。我感到在植物和我之间有一根纽带，几乎是一种亲属关系；处在无生命的物体之中，我们因拥有生命而联合在一起。我想到那些在最贫困的境况中还在他们的窗台上用盒子种花的人，他们的动机是为了得到观察植物生长的乐趣。显然，观察生命的成功对人类是有价值的。

假设，我生活在一颗死寂的星球上，有确保生存的一切物质供应，但周围没有一样东西是活的，我会感觉自己像个超自然的外星人。然后，假设我突然遇到了一株活着的植物，我肯定会带着渴望和快乐的心情去看它——但为什么呢？

因为我意识到，所有的生命本质上都需要奋斗，奋斗就有失败的可能，我们渴望并乐于看到生命成功的实例，以证实生命的成功是可能的。实际上，这是超自然的体验。我们渴望看到实例，未必是为了减少怀疑或自我安慰，而是为了在感性层面上，即在直接现实层面体验和确认那些抽象的、概念性的东西。

我在思忖，如果一棵植物能为一个人提供这样的价值，那么再见到一个生命就会使这种体验更加强烈。我们周围的人在做人和做事上的成功与成就，可以为我们的努力奋斗提供动力和激励。或许这是人类能互相馈赠的伟大礼物，一件比慈善更伟大的礼物，比任何明确的教导或忠告更伟大的礼物——见到幸福、成就、成功、圆满。

我思考的下一个关键步骤，发生在几个月后的一天下午，那时我坐在地板上与我的狗——一只名为"穆特尼克"的刚毛猎狐㹴玩。

我们假装凶猛，我用拳猛击，她也回击。让我感到愉悦和痴迷的是，穆特尼克看上去能掌握我想要的嬉闹程度。她嗥叫、猛地咬住又反击，同时又以一种完全无所畏惧、充满信任的方式始终保持温柔。这种事情很常见，多数狗主人都很熟悉这种情况。

但我突然想到一个以前从未问过自己的问题：我为什么会有这样愉快的时刻？这种愉快的本质和来源是什么？

我认识到，我的这种反应部分源自我观察到一个生命个体健康的、自我肯定的乐趣，但这并非根本原因。根本原因与狗和我之间的互动有关，是一种与生命意识互动和沟通的感觉。

如果我把穆特尼克看作一个没有意识或知觉的机器，把她的行为和反应看作是完全机械的，那么我的快乐就会消失。意识因素是最重要的。然后我又想到，如果自己被放逐到一个无人居住的孤岛上，穆特尼克出现在那里对我来说会有极大的价值，不是因为她能对我的肉体生存做出实际贡献，而是因为她提供了一种陪伴。她会是一个可以互动和沟通的有意识的个体——正如我现在所做的一样。但是，那为什么有价值呢？

我兴奋地意识到，这个问题的答案不只能解释对宠物的依赖，而是多得多。它涉及一个心理学原理，这个原理是我们对人类伙伴渴望的基础——这个原理能解释为什么一个有意识的个体，要找出其他有意识的个体并且尊重它的存在，为什么意识对意识是有价值的。

当我认定这个答案时，我把它叫作"穆特尼克原理"，因为它是在那个情境下被发现的。让我们来看看这个原理的本质。

要理解我与穆特尼克玩耍时的愉快反应，关键在于自我意识，这种自我意识来自她给出的回应的性质。从我开始"拳击"

的那一刻起，她就以嬉戏的方式作出回应；她没有表现出受威胁的迹象，而是显示出信任、快乐和兴奋。要是我对着一个无生命的物体猛推或猛击，它只会以纯机械的方式作出反应，不会真正回应我；它不能掌握我的行动用意，不可能理解我的意图并以此引导自己的行为。这种沟通和反应，只有在有意识的个体中才有可能。穆特尼克的行为使我感到我被看到了，我感受到了心理上的可看见性（在一定程度上）。穆特尼克不是作为一个机械物体，而是作为一个"人"在回应我。作为这一过程的一部分，我对自己的认知更加清晰；我在和我性格中游戏性的一面接触，过去那些年里，我通常会严格控制自己的这一面，所以这种互动中也包含了自我发现的元素。

意义重大而且必须强调的是，穆特尼克是作为一个"人"对我作出回应的，她以我认为客观适当的方式，亦即根据我对自己的看法和我向她传达的意思作出回应。要是她回应时带着恐惧和畏缩，我就会觉得自己实际上是被她误解了，并不会感到快乐。虽然人和狗之间互动的例子可能看上去非常原始，但我相信它反映了一种潜在模式，可能存在于任何两个能相互影响的意识之间。人与人之间的所有积极互动，都会产生某种程度的可见性体验。这种可能性在浪漫爱情中达到了顶峰，我们很快就会看到。

所以我们必须思考的问题是：为什么我们会重视由另一个意识的适当回应或反馈所唤起的自我意识和心理可见性的体验，并从中找到乐趣？

我们通常是把自己作为一个过程来体验的，因为意识本身就是一个过程、一种活动，并且我们的心理活动是一个不断流动变换着的知觉、图像、机体觉、幻想、思想和情感的综合体。正因为我们的意识不是一个静止不动的实体，所以我们无法像观察外部世界的物体一样客观地思考它，也就是说，无法将其作为直接经验的对象来思考。

当然，我们通常会感觉到自己，感觉到自己的身份，但是，这只是作为一种感觉而不是一种思想——这种感觉十分散乱，和我们所有其他的感觉交织在一起，虽然不是不可能，但很难将其分离出来单独考虑。我们的"自我概念"不是一个单独的概念，而是一组关于我们各种（真实或想象的）品质和特征的形象或抽象观点的集合体，其总和永远无法随时保持在焦点意识中；这个总和是被体验到的，不是被感知到的。

在我们的生活历程中，我们的价值观、目标和志向会首先在我们的头脑里构想出来，即它们是作为意识的数据存在的。而在我们的生活取得成功时，它们被转换成行动和客观现实，成为我们感觉到的"外在"世界的一部分，它们得以用物质形式表达并成为现实。这是人类生存的正确而必要的模式。要想生活成功，就要投身于世界，表达自己的想法、价值观和目标。当这个过程失败的时候，我们的生命也就丧失了。然而，我们最重要的价值——我们的人格、灵魂、心理自我、精神存在，不管你如何为它们命名——永远无法从字面上理解这种模式，永远无法脱离我们的意识而存在。它们永远不会被我们视为"外在"的一部分。但是我们渴望一种客观的自我意识的形式，实际上，我们也需要这种体验。

既然我们是自己行动的动力，既然"我是谁""我要成为什么样的人"的概念是我们所有动机的核心，那么，我们便会渴望并且需要尽可能地去体验"这个人"，即让我们的自我转化为现实和客体化。

我们站在镜子前时，能真切地感觉到自己的面孔是一个现实物体，我们通常乐于这样做，乐于凝视自己这个物理实体。能够照镜子并且思考"这是我"是有价值的，其价值就在于对客观现实的体验。

再说一遍，内在意识的客体化是生活成功的实质。我们希望看到这个过程中的自我。并且，在间接意义上，每次我们根据自己的判断采取行动时，或要说出自己的所思、所感、所指时，或诚实地通过言行表达内心现实、内在存在时，都包括了我们的自我。

但是，在直接意义上呢？有没有一面镜子我们可以从中感受到心理自我呢？我们可以坦言从中感受到了自己的灵魂吗？是的。镜子就是另一个意识。

作为单独的个人，我们能在概念上认识自己——至少某种程度上是这样。而另一个意识能提供的是，让我们有机会把自己作为外部客观实体这一具体对象来直观体验。

当然，有些人的意识与我们自己的意识是如此格格不入，以致他们所提供的"镜子"照出的是恐怖游乐园暗室里被胡乱变形的映象。对重大可见性的体验，需要他人的意识在相当程度上与我们自己的意识一致。

这就是穆特尼克的局限，或者是所有低等动物的局限。说实在的，我从她的反应中看到了我自己个性的一个小方面。而只有在与拥有同等范畴的意识，即与另一个人的关系中，我们才能体验到最佳的自我意识和可见性。

这里有必要明确一下，我并非暗示我们首先是获得了完全独立于任何人际关系的身份感觉，然后才去寻求和其他人互动的可见性体验，我们的自我概念并不像某些作家说的那样是他人的创造，但显然人际关系和我们所接受的回应有助于我们获得自我意识。我们每个人都在极为重要的程度上体验过在人际关系中我们是谁。当遇到一个陌生人时，我们的个性会反映出许多过去与人相遇的经历，以及别人的反馈造成的内在结果。通过我们不期而遇的人和事，我们一直在成长发展。

在成功的浪漫爱情中，一个人对伴侣的存在和独特个性有着深度迷恋。因此，其中每一方对可见性都有独特的强力体验。即使这种状态无法完美实现，也仍可在空前的程度上实现。这也是浪漫爱情令人激动和滋养人的主要根源之一。

但是，对于心理可见性的过程还需要多说几句——它是怎样产生的，以及它需要什么。我们的基本前提和价值观，我们的生命意识、智力水平、处理经验的典型方式、基本的生活节奏和其他通常被称为性情的特点——所有这些都会彰显在我们的个性中。个性是一个人区别于其他人的、外在可感知的心理特征和特性的总和。

我们的心理是通过行为、言论的方式来表达的。正是在这个意义上，我们的自我成了别人感受的对象。当别人对我们作出反应时，他们的感受就通过他们的行为、他们看我们的方式、与我们谈话的方式、回应我们的方式等表达出来。如果他们对我们的看法和我们内心深处认为我们是谁是一致的（这也许与我们所声称的自己不同），如果他们的看法通过他们的行为传达出来，那么我们就会觉得自己被感知了，感到一种心理上的可见性。我们体验到自我的客观性和我们存在的心理状态。我们在他人的行为中感受到自我的印象。正是在这个意义上，他人可以成为一面心理镜子。更准确地说，这是他人可以成为心理镜子的意义之一。

还有一面心理镜子。当我们遇到一个想我们所想、注意我们所注意、重视我们所重视、对不同情况的反应和我们一样的人时，我们不仅体验了与这样一个人的强烈亲近感，而且还可以通过对那个人的感知来体验自我。这是另一种形式的客观性体验。可以说这是在意识之外的世界上感受自我的另一种方式。同样，这也是体验心理可见性的另一形式。我们在这样一个感到亲和力的人面前所体验的快乐和激动，凸显了满足需求的重要性。那么，可见性的体验不仅仅是另一个人如何对我们作出反应的结果，也是这个人如何对世界作出反应的结果。这些考虑也适用于可见性的所有事例，从最偶然的邂逅到充满激情的风流韵事。

正如我们的个性和内心世界有许多不同方面，我们也会在各种人际关系的不同方面感受到可见性，会根据与我们打交道的人的品质和互动的性质，体验到或多或少的可见性，在或宽或窄的范围内体验我们的整体人格。

有时，我们感到可见的方面与自己的基本性格特征有关；有时，与我们进行某一行动的意图的性质有关；有时，与某个特殊情绪反应背后的原因有关；有时，它涉及我们的生命意识；有时，与我们的工作有关；有时，与我们的性心理有关；有时，与我们的审美价值有关。可能性的范围几乎是无穷无尽的。

人与人之间所有形式的互动和沟通——精神上、智力上、情感上、肉体上——综合起来总会在某一方面给我们提供可见性的感知证据。或者是，具体的某个人在我们心中产生了某种不可见的印象。我们多数人多半未察觉到事情发生的过程，仅察觉到结果。我们知道在一个具体的人面前，我们有没有感到"自在"，有没有感到亲近、被理解或情感依恋。

仅仅是与另一个人交谈这件事,本身就需要一些可见性经验——作为意识个体被感受到的体验。然而,在与一个我们非常敬佩关心的人的亲密关系中,我们期待更深层的可见性,这与我们内心世界和个人隐私有很大关系。

关于在任何具体关系中可见性的决定因素,我还有很多要说。不过,很显然,在智力、基本前提、价值观以及对生活的根本态度上,有许多同感是相互可见性具体化的先决条件,这种相互可见性是真正友谊的本质,尤其是浪漫爱情的精髓。亚里士多德说,一个朋友就是另一个自我。这正是情侣们最强烈地体验到的。在爱你的同时,我也遇到我自己。理想情况下,恋人对我们作出的反应,实际上就如我们对另一个人身上的自我作出反应一样。因此,我们通过恋人的反应感受到自我。我们通过它在意识中的结果感受到自身,也在伴侣的行为中感受到自身。

然后,我们可以在此辨明人类渴望陪伴、友谊和爱情的主要根源之一:渴望将自我视为现实中的一个实体,通过其他人的反应和回应来体验客观性的视角。

这里涉及的原理,即穆特尼克原理——我们称之为心理可见性原理——也许可以概括如下:人类渴望并需要自我意识的体验,这种体验源于把自我作为一个客观存在的人,并且人类能通过和其他生命意识的互动获得这种体验。

可见性和自我发现

我们总是在程度状况内谈论心理可见性。从童年起，我们就从别人那里得到某种程度的适当反馈，每个孩子都会体验到一定程度的可见性。没有它，孩子不可能生存。据统计，只有少数幸运的孩子童年时能从成人那里体验到高度的可见性。在对病人进行心理治疗的过程中，以及与我的"自尊和生活的艺术"强化课程中的学生打交道时，我常常发现他们童年时期在家庭生活中被忽视的痛苦，这显然是他们的成长问题以及他们在爱情关系中的不安全感和无能的核心问题。这种问题反复出现，给我留下了深刻的印象。

随着孩子的成长，如果顺利长大成人，别人的反应和回答都能打开各种自我观察之门，从而积极地促进儿童自我概念的发展与完善；有时这些观察超出了孩子所知道的或信以为真的事。可见性常需要自我发现，这个问题在成人关系中同样非常重要。一段我们自己感到被真正看见的亲密关系，总是在各种时刻囊括自我发现的部分，需要意识到我们从未被承认的能力，不易察觉的潜力，从未浮出水面被明确认知的性格特征，等等。

我还记得自己第一次坠入爱河的情景，那时我18岁。找到一个能与我分享重要价值观和兴趣爱好的人，我感到极为快乐和兴奋。以前我从未体验过如此强烈的心理可见性的感觉。同时，作为同一个过程的一部分，我的自我意识也得到了扩展。因为与我坠入爱河的是女性，我们之间的互动加深了我与自己男性身份的接触，相应地扩大了我的自我感。

在一段关系中，可见性的持续体验，会不可抗拒地引起我们与"我们是谁"这一新层面的接触。当可见性到了一定深度，特别是持续相当长一段时间后，它总会激发自我发现的过程。这是所有人类相遇过程中最激动人心的部分——扩展自我认识的可能性。当我回想初恋后生活中的任何一段重大关系，我发现它们都让我对自己有了越来越深刻的理解。

在我和帕特里夏婚前婚后的 15 年关系中，我感觉自己进入了一个不断自我探索的旅程。这是一个相互的过程，对我来说它似乎还是我们互动的精髓。它是一种冒险，一种挑战，总是使我们对彼此的了解越来越深。

我们相见时，帕特里夏远比我更生活"在自己的身体里"，也远比我能更好地触及自己的感情。她在情感上的开放和自愿透明的态度，使我加深了与内心世界的接触。通过她，我学会了脆弱的力量，学会了让别人看到我是谁，我的感受是什么，不用防御或道歉。我在自己身上重新发现了童真——不仅因为她能触及她的童真，还因为她非常清楚地发现了我的童真。奇特的是，与此同时，我也逐渐对自己的无情有了更深刻的了解，而且，也让帕特里夏发现了她自己的无情。她有时会说：

"我爱你身上的女人味。"并且帮助我融入自己还没认识到的部分。有时,我会为自己实际上完全能处理的某个问题感到不安,她会说:"别假装你不是纳撒尼尔·布兰登。"在我们关系的初期,有一次,她对我说:"你有时候真的是太傲慢了。"我问她:"那你觉得怎么样?"她回答说:"很好,我想我很喜欢,因为它让我有勇气接受我自己的那部分。"后来她去世了,我最后一次向她道别时唯一能说的就是:"感谢你,谢谢,谢谢。"此刻,我坐在桌旁,写下这些话,似乎看见她在朝我咧嘴笑,几乎是大笑,仿佛在说:"你写这个是因为它真的能帮你弄清你的观点,还是你想偷偷塞给我一封情书?""帕特里夏,我不能完全肯定。""那就先留着吧。有时,当你急于解释某个观点,你就会变得有点抽象和疏远。让他们了解你,而不仅仅是你的想法。"

真可见性还是假可见性?

当两人相遇时,每个人想要真正理解和看见对方的意愿和能力,从根本上决定了他们能体验到的可见性程度。

但除此之外,我们还可以说出两个明显的基本因素。一个因素是两人心灵之间价值共鸣的程度,即他们在世界观、生活取向、意识发展上的相似程度。另一个因素是个人的自我概念在多大程度上能准确地与自己的实际心理相一致，即每个人对真实自我了解多少和能感知到多少，内心对自我的看法多大程度与其所展现出的个性相一致。

以第一个因素为例。假设一个自信果断的女人遇到了一个焦虑、不友好、不自信的男人，这个男人对她的反应充满怀疑和对抗，无论她说什么、做什么都被他恶意解读，认为她的自信是想要控制他、支配他；在这种情况下，这个女人无法感觉到被看见，她可能会感到困惑、愤慨，因为自己被如此严重地误解。事实上，他根本不可能看见她，他们之间的价值取向有着不可逾越的鸿沟。现在假设有另一个男人，目睹了他们之间的相遇，对她微笑，表示理解她的感受并支持她，于是她放松了，并回之以微笑——她会突然感觉自己被看见了。

以第二个因素为例。假设一个男人倾向于合理化自己的行为，并通过完全不切实际的幻想支撑他的自尊，他自欺欺人的形象不可避免地会与他的行为传达给他人的真实自我相冲突。其后果是他会长时间感到沮丧，在人际关系中长年隐身，因为他得到的反馈和他的伪装不相符。讽刺的是，就算有人买他的账，也不会让他感到被看见，因为他深知自己所假装出来的不是他本人。（但是，如果有人能不加谴责或蔑视地看透这种行为，能看到引起他不安及行动的根源，那么这样的人就有能力让他体验到真正被看见的感觉。）

有时，在两个把生活建立在巨大虚伪之上的不成熟个体的互动中，会相互投射出可见性的幻觉。在这一情形中，每个参与者都会支持对方的虚伪和自欺欺人，以换取同样的支持。当然，这种交易差不多是在潜意识层面进行的。有趣的是，在这种关系中——它们并不罕见——假可见性里隐藏着真实的可见性体验。在每个参与者的心灵深处都能意识到，他们的伴侣完全知道是怎么回事。他们可以通过一种心照不宣的默契相互联系，相互支持。我认为这种关系不是浪漫爱情，而是不成熟之爱，我们之后将更详细地探讨。

这些例子孤立地展示了这个过程的实质。它们没有传达，也不想传达真正人际关系的全部复杂性。在这种关系中，真可见性和假可见性、真实特征和虚幻特征交织在一起——一头是最佳的现实主义，另一头几乎完全是自我欺骗。

可见性和理解

我们渴望从他人那里得到爱，这与我们对可见性的渴望密不可分。如果某人公开宣称爱我们，但当谈到我们哪里可爱时，说出的却是我们不认为自己拥有也不格外钦佩且无法亲身感受的特点时，我们几乎不会感到被滋养或被爱。我们不希望被盲目地爱，而是希望自己被爱有具体的原因。如果有一个人公开宣称爱我们，但爱的理由和我们的自我认知、价值观、道德准则毫不相干，我们就不会感到满足，甚至不会感到真正被爱，因为我们感觉不到被看见，我们感觉不到对方在回应我们。

渴望被看见，常常是渴望获得理解。如果我为自己的某个成就感到幸福和骄傲，我希望那些亲近我的人、我关心的人，能理解我的成就及其对我个人的意义，能够理解并重视我的情感背后的原因。如果朋友给了我一本书，并告诉我这本书我会喜欢，如果朋友被证明是对的，那么我会感到快乐和满足，因为我感到被看见，被理解。或者，如果我遭受了一些个人损失，与我亲近的人理解我的悲惨遭遇，能切实感觉到我的情绪状态，这对我也至关重要。

我比以前更能感觉到帕特里夏对我的爱。同时，我也感觉自己被更好地理解了。感到被理解是可见性的核心。我回想起多年前在一个聚会上，当时有人以一种非常谄媚和自我否认的方式恭维我。那人离开后，帕特里夏对我说："你一定感到很不自在——经常从那些充满恐惧和不安全感的人那里收到他们的恭维。我想让他走开。对他来说，你看起来很有礼貌并富有同情心。对我来说，你看起来年轻又孤独。"

对任何一个成熟的人来说，盲目的爱也许有助于平息焦虑，但不会解决我们对被看见的渴望。我们需要的不是无条件的、茫然的支持，而是觉察、感知和理解。

可见性的体验也许包括接受同情、共鸣、怜悯、尊重、感激、钦佩、爱，或者几乎是所有这些的综合。被看见不一定意味着被爱，但是缺乏可见性的"爱"是一种错觉。

对确认的渴望

有时人们会把被理解或被看见的渴望，与被确认的渴望相混淆。但它们不是一回事。一个人渴望别人确认、肯定、赞成自己的存在和行为是很正常的。只有当这种渴望在一个人的价值序列里占据主导地位，以致为了实现它而牺牲诚实和正直时，我们才倾向认为它是病态的。这种情况下，一个人显然会因为缺乏自尊而痛苦。但即使是在最正常和现实的表现形式中，我们也需要把这种欲望与对可见性的渴望区分开——尽管在直接经验层面上，无疑会有一些溢出效应[1]。

对可见性的渴望，绝不是自我软弱或不确定、低自尊的表现。相反，我们的自尊越低，我们就越感到需要隐藏，我们对可见性的感受就越矛盾：我们既渴望它，又害怕它。而我们越为自己感到骄傲，就越愿意保持透明，我几乎可以补充说：我们就越

---

[1] 溢出效应（spillover effect）指事物一个方面的发展带动了该事物其他方面的发展。

渴望透明。

自尊意味着对自己的效能和价值充满信心。自尊不足、对自己的思想和判断缺乏自信的特征之一，就是过分专注于获得他人的认可，避免他人的反对，每一刻都渴望他人的肯定与支持。有些人梦想在浪漫爱情中找到自尊，但因为问题的本质是内在的，因为这个人不相信自己，所以除了片刻的满足，任何外部支持都无法满足这种渴求。这不是对可见性的渴求，而是对自尊的渴求。浪漫爱情的目的是赞美自尊，不是在那些缺乏自尊的人身上创造自尊。

许多心理学家，如哈里·斯塔克·沙利文[1]认为，人需要别人的认同来认同自己。尽管这种观点普遍流行，却并没有证据支持。一直到我们顺利发展到自主（自信、自立、自我调节）为止，我们都希望并期盼别人能感知到我们的价值，而不是去创造我们的价值。我们希望他人看到我们真实的样子，帮助我们更清楚地看到自己，而不是根据他们的幻想来捏造我们。对任何一个现实中的人来说，这种捏造显然没有好处。

冒着过于简单化的风险，我们可以通过以下观察来对比成熟自主的个体与相对未成熟独立的个体之间的心态。当遇到一个新

---

[1] 哈里·斯塔克·沙利文（Harry Stack Sullivan，1892—1949），美国精神医学家、新精神分析学派代表人物之一。

人时，一个独立自主的个体往往会从"我认为这个人怎么样？"这个问题开始，而未成熟独立的个体则往往会从"这个人认为我怎样？"的问题开始。

正如我们看到的，在不同的人际关系中，我们可以在不同方面、不同程度上感到自己是可见的。与一个偶然的陌生人之间的关系，不会为我们带来与熟人之间的可见度；与一个熟人的关系，也不会为我们带来与亲密朋友之间的可见度。但是，有一种关系在可见性的深度和广度方面是独一无二的：浪漫爱情。在其他任何关系中，都不会涉及如此多的自我；在任何其他关系中，都没有这么多不同方面的自我表达。在浪漫爱情中，两个自我都得到了赞美，这是其他关系无法提供的。

要完全体会这是怎么发生的和为什么会发生，我们就得审视性在人类生活中的作用。

人类生活中的性

对性和心理结合的渴望是浪漫爱情的一个决定性特征。然而，男女之间性互动的意义几乎还没被理解。在谈论浪漫爱情中的性之前，我们有必要对性在人类生活中的作用做一些概述。

显然，性对人类来说异常重要。人们花大量时间思考它，对它想入非非，看有关性的电影和书籍，更不用说参与性活动。性在我们生活中的重要程度可以由这个事实进一步证明,即任何我们已知的社会,没有不为人的性行为制定规则的。最原始的部族也有关于性行为的规定。毫无疑问,人类的道德准则,特别是宗教法规,一直都极度关注性行为。当然,这种强烈关注的部分解释是性可能导致生儿育女。但这远非社会和宗教法规控制性欲和性表达的唯一理由。某些更深刻的哲学问题已在第一章里讨论过了。

性更深一层的重要性在于它能给人类带来极大的快乐。对人类来说,快乐不是一种奢侈,而是一种深层的心理需求。快乐(在其最广泛的意义上)是生命的形而上伴随物,是成功行为的回报和结果——正如痛苦象征着失败、破坏和死亡一样。

为了生活,我们必须行动,努力实现维持生活所需的价值观。正是通过享受幸福和快乐,我们体验到生命是有价值的,是值得过下去和奋斗维护的。快乐是大自然给我们生活提供的情感刺激。当我们成功实现终生有益的价值时,正常的结果就是喜悦。快乐还包含另一个重要的心理意义,让我们直接体验到自己应对现实、取得成功、实现价值的能力,简言之,生活的能力。在快乐的体验中隐含的是,你感到并认为"我掌控着我的生活。我喜欢此刻我与现实的关系"。快乐蕴含着一种个人效能感,正如痛苦包含着一种无助、无能为力的感觉,而且隐约感到并认为"我很无助"。

性和自我赞美

于是，快乐给予我们两种对于施展和发展自己至关重要的体验。它让我们体验到生命是有价值的，我们是有价值的。（我们对生活是有效、合适的，掌控着自己的生活。）对我们来说，没有什么知识比生命价值和自我价值的知识更重要，而正是快乐和喜悦以生动而强烈的直接经验为我们提供了这种知识。

性在我们生活中有强大的影响，是因为它潜在地提供亲热、喜悦和强烈的快感。在各种欢乐中，性是独特的灵与肉结合的欢乐。它是感知、情感、价值观和思想的结合。它给我们提供了最强烈的形式让我们去体验全部的生命，体验对自我最深刻和亲密的感觉。必须强调，只要这种体验没有被冲突、负罪感、伴侣的疏远等因素冲淡和削弱，性的潜在力量就是如此强大。

在性爱里，一个人自己的身体就是快乐直接即时的来源，是欢乐的载体和化身。性在感官上直接证实了幸福是可能的这一事实。比起其他任何活动，一个人在性爱中更能体验到人本身就是目的，人生的目的就是自己的幸福。即使导致一个人发生特定性关系的动机是不成熟和矛盾的，即使后来这个人受到羞耻或负罪感的折磨，只要这个人能享受性行为，他的生命以及他享受生命的权利就会在自己心里自我坚持。性是自我主张的终极行为。

原则上，即使我们没有与伴侣建立深入的联系，这一点也是真理。当性是爱的表达时，它的真理性尤为明显。当性同时是对自我、对生命和对伴侣的爱的表达时，性最为强烈，因为那时我们会体验到最完整的自我。

性和自我觉察

在性行为中，我们体验到一种独特和强烈的自我觉察，这种觉察是由性行为本身及我们与伴侣的话语—情感—肉体互动所产生的。在任何特定的经验中，自我觉察的性质都取决于互动的性质，取决于我们投射出的以及感受到的可见性的程度和种类。只要我们享受到与伴侣在精神和情感上强烈的亲密感，进而在性人格上有和谐互补的感觉，我们便会深刻地体验到自我，体验到精神及肉体上的完全赤裸，并以此为荣。

相反地，只要我们感到在精神或性方面与伴侣疏远，最好的情形是我们会感到性体验是自我中心的或被疏远的；而最坏的情况是，我们感到性只是令人沮丧的肉体，了无生气、毫无意义。这并不是说，在性方面，大家都渴望浪漫爱情，不可避免地对任何不浪漫的爱情感到沮丧。但这确实意味着，如果我们与自我、性欲或伴侣疏远了，我们就与性结合中最令人狂喜的可能性无缘了。

性给我们提供了自我觉察的最强烈的愉悦形式。在浪漫爱情中，当一个男人和一个女人渴望通过彼此的身体获得这种体验时，那是一个人所能提供或接受的最高、最亲密的赞美，是承认我们所渴求的人的价值，和我们自己的价值被承认的首要形式。

这种体验中的一个关键因素，是感受到我们的效力是所爱之人欢乐的源泉。我们感到是我们自身，而不仅仅是我们的躯体，使我们的伴侣感到快乐。（我们要比一位好的性技师更受用。）实际上，我们感到"由于我就是我自己，我能使他感到他自己感觉不到的东西"，我们在伴侣的表情中看到了自己的灵魂及其价值。

如果性是一种自我赞美的行为，如果在性爱中我们渴望天真率直、情感开放并无拘无束，渴望维护享乐的权利并炫耀自己身上快乐的自由，那么，我们最渴望的人就是与其相处时我们能最自由地做自己的人，就是我们（有意识或无意识地）把对方当作我们合适的心理镜子的人，就是能反映出我们对自我和生活最深刻看法的人。这样的人才能让我们以最佳方式体验到我们想在性爱领域体验到的事。

在男人和女人之间

当一个男人和一个女人热恋时，性扩大并加深了他们之间渴望接触的领域。对彼此心照不宣的渴望无所不包。我们希望通过感官来探索恋人——通过触觉、味觉和嗅觉。我们探索和分享感受和情绪的时间更长、程度更深、频率更高,这几乎是我们在其他任何类型的关系中无法做到的。伴侣的幻想可能成为我们强烈而深刻的个人兴趣。伴侣多彩的特性、特征和活动可以使我们获得强大的精神—智力—肉体—情感—性欲的充电。

男女两极相对,产生了自身的动态张力,也产生了一种好奇和迷恋,它使我们既可以完全沉浸在对方身上,同时就个人而言也是一种亲密的自私。这是对爱的巨大弥补:我们的私利扩展到自己的伴侣。

我们每一个人不仅仅是一个人,还是有特定性别的人。如果过高估计这个事实的重要性是错误的,那么低估它的重要性或否认它对我们生活压倒性的影响,几乎也是错误的。在每个人的自我概念中,都包含着自己是男性或女性的意识。性别通常是我们对个人身份体验一个不可缺少和私密的部分。我们不仅仅把自己作为人来体验,而且总是把自己作为男性或女性来体验。而当一个人缺乏明确的性别感时,我们会认为这代表着正常成熟的某种失败。

虽然我们的性别认同、男性或女性气质源于我们的生物特性,但它并不包括生理上的性别,而是包括我们心理上体验自己性别的方式。例如,如果一个男人在人际交往中特别诚实,这属于他作为人的心理特征,而不是性特征。另一方面,如果他在性方面很自信,相对于女人,这个特征属于他作为一个男人的心理特征。反之，如果他在与女人的个体接触中感到情绪无法自控、力不从心，我们就会认为他在男性气质方面存在问题。如果一个女人认为阴茎很吓人，我们就会认为她向成年女性发展的这一进程失败了。

我们的性心理特性和性人格，是我们作为有性生物学习如何应对自己天性的产物和反应方式。正如在更广泛的意义上，人格同一性是我们对自己作为人的天性作出反应的产物和方式。

作为有性生物，有些问题我们必须面对，即使我们很少有意识地思考这些问题。我在多大程度上意识到自己是一个性实体？我如何对待性及其在人生中的意义？我对自己的身体有什么感觉？（最后一个问题不是指我在审美上如何评价自己的身体，而是指我的身体是否被视为有价值的、欢乐的源泉。）我如何看待异性？我对异性的身体有什么感觉？我对男女之间的性行为感觉如何？在这种性接触中我自由行动和反应的能力是什么水平？正是我们对这些问题含蓄的答案，构成了我们性心理的基础。

毋庸赘言，我们对这些问题的态度不是在心理真空中形成的。恰恰相反，我们在性方面或许比在任何其他领域都更能完全地表达个性。不止一项研究表明，在其他方面都相同的情况下，我们总体的自尊水平越强，就越有可能健康积极地回应自己的性行为与性的一般现象。

既然性生活是我们作为人固有的部分，一个成熟、发育良好的个体，就会把体验性生活融入自己的全部生命，把它作为生命的自然表达。性的结合对圆满的浪漫爱情来说不可或缺。

健康的男性气质或女性气质，是对性本能作出正面反应的结果或表达。这需要对自己的性别有强烈和热切的意识，对性现象有正面（无所畏惧和问心无愧）的反应，将性的体验作为自我的一种表达，而不是外来的、阴暗叵测的、罪恶或者"肮脏"的东西，对自己的身体有正面的、自我珍重的反应，对异性的身体热烈赞赏，有自由、自发和欢快地去进行性接触的能力。

好几年前，在主持一个治疗小组时，我听到很多病人谈到不同时代、不同文化对男女气质持有的各种看法。其中一个病人问我，男人气质和女人气质的概念有什么个人意义。我差不多是出于本能地回答，男人气质是男人相信女人的创造是大自然最精彩的表现，女性气质是女人相信男人的创造是大自然最精彩的表现！毫无疑问，这种表述不够科学，但我不相信我现在能说得更好。

无论如何，我们很容易看到男人在体验自己作为男性，作为男性载体时所经历的那种巨大快乐，以及女人在体验自己作为女性，作为女性载体时所经历的那种巨大快乐。和别人的身体相遇、男人和女人相遇、女人和男人相遇，通过激情和亲热发现他人其实就是自己另一面的难以言表的喜悦。正如我们的性人格对我们是谁至关重要一样，它对我们希望在人际关系中客观化、得到反馈或彰显个性也至关重要。完全可见性和自我客观化需要把自我不仅作为某个人，而且是作为某个男人或女人去感受和被感受。事实上，我们两者都要：作为某个人和作为某个男人或女人被感受。

一个男人也许希望他生活中的女人能感受到他的力量，也许还希望她能感觉到他的敏感和脆弱，他需要有时不必完全"负责"和"掌控"，还希望她能理解他是谁，他的这些不同方面没有冲突或矛盾。一个女人也许希望别人能欣赏她的敏感和直觉，还能欣赏她的力量和进取心，要他明白其中没有冲突或矛盾。

要想获得可见性和自我客观化的最佳体验，就需要与一位异性互动。我们所有人的内心都有男性和女性的一面。但在男人身上，男性原则通常占支配地位；在女人身上，女性原则占支配地位。在与异性交往时，我们可以全方位地体验我们是谁。男女两极相对产生并强化了这种意识。当然，这种能力的某些方面也可以从同性那里得到最佳实现。一个男人会以女人不可能知道的方式体验男人的感觉，一个女人也会以男人无法知道的方式体验女人的感觉，但在异性之间可以探讨更多的可能性，这种关系就像一个更广阔的键盘，可以弹奏出更多的音调，创作出更丰富多彩的音乐作品。

一个异性，如果和我们在思想与价值观上有强烈同感，有许多根本的相似之处，并能差异互补，就能以人和有性生物的双重身份感知我们，并对我们作出个人回应。面对异性时，男人和女人因性别产生的独特视角，至少潜在地代表了对他人最充分的了解。

在浪漫爱情关系中（也可能是随意的性关系），在性方面被渴求，就是作为一个人，且是作为一个男人或女人，被看见和被需要。而浪漫爱情反应的精髓是："我把你作为人来看，因为你是你，所以我爱你，渴望你，为了我的全部幸福，特别是性幸福。"

我们对伴侣的精神—情感—性爱反应，是由于我们把对方看作是最高价值的化身，对我们个人的幸福至关重要。在这个语境中，"最高"不一定指最高尚或最高贵，而是指最重要——对我们的个人需求和欲望，以及在生活中想获得和体验的东西而言，是最重要的。作为这种回应不可或缺的一部分，我们认为所爱对象对我们的性幸福至关重要。我们的精神需求和肉体需求彼此融合，我们体验到融为一体的欣喜若狂的感觉。

浪漫爱情的回应

回顾我们走过的路，我们能意识到浪漫爱情满足了一些基本需求。有对陪伴的直白需求，有爱和仰慕的需求，有被爱和被看见的需求，有自我发现的需求，有性满足的需求，有充分体验自己作为一个男人或女人的需求。

随着旅程的继续，我们会看到，还有别的需求激发了我们对浪漫爱情的渴望。我们需要一个私密空间，一个远离尘世纷争的避风港，而浪漫爱情具有满足这种需要的独特力量。我们需要分享我们活着的兴奋感，享受另一个人的兴奋感并从中得到滋养。

这些之所以被称为需求，不是因为没有它们我们就会死，而是因为它们为我们的福祉，为我们持续有效地发挥作用，做出了巨大的贡献。它们有生存价值。

通常，我们不会仔细考虑我们通过浪漫爱情满足的这些需求。我们仅仅感觉到这些需求，并没有把它们概念化。这样做的实际价值不仅因为它帮助我们理解爱的性质，而且提供了评估关系的标准。如果一个人公开表白了爱意，我们在关系中却感受不到可见性，我们就会比较清楚地认识到有问题——前提是知道可见性的重要性。我们将在第四章再谈这个话题。

如果不考察激发我们爱上某个人而不是另一个人的特殊因素，我们就不可能充分理解浪漫爱情的根源。我们需要考虑"坠入爱河"的选择过程。现在我们就来谈谈这个主题。

第三章

浪漫爱情的选择

Chapter Three

Choice in Romantic Love

开场白：认识震撼

在男女的幸福关系中，爱情、欲望和欢乐的体验并非沿一条简单、单向的路径前进，而是经过了持续、彼此增强的互补循环。爱一个人，我们就会感受到对方是真正或潜在幸福的来源，于是欲望就产生了；欲望通过与所爱对象的接触产生欢乐或喜悦，欢乐又通过反馈循环强化了欲望和爱情，等等。爱情就是这样得以发展和加强的。

迷恋、吸引力、激情，也许在看见的第一眼时就会产生。爱情则不然。爱情需要了解，而了解需要时间。人们有时会说一见钟情，那是第一刻的强烈情感反应被后来的体验所确认，并且证实爱情确有发展时，回过头才那么说的。还有，在新关系刚建立时，甚而在见面的第一刻，未来的情侣就会体验到一种突然的

"认识震撼",一种奇怪的似曾相识感,一种以某种神秘又无法解释的方式认识某人的感觉,这种情况很常见。的确有一种对他者陌生感的迷恋,但也有一种几乎相反的感觉,一种微妙又强烈的已知感,好像遇到早已存在于心的某个具体事物。带着这种认识震撼,他们看见这个他者,于是这个他者就不再是他者了。

我们需要了解是什么点燃了这种最初的吸引力,是什么形成了这种纽带的基础。我在前面说过,热恋的基础是在思想和价值观上有重要的同感,但那是非常空泛抽象的。我们有必要考虑,它具体需要什么,它是怎么表现的,如何尽可能地被识别;有时,它们在初遇的第一刻就会被认出。答案将有助于说明我们为什么会爱上某个人而不是另一个人。

生活感觉

有一个概念对理解浪漫爱情及其选择过程至关重要:生活感觉。浪漫爱情的核心,是深刻的共享的生活感觉。

生活感觉是我们体验对存在的最深刻看法以及我们与存在的关系的情感形式。实际上,这是形而上学——人们可能会说这是个人形而上学的情感推论——整体反映了我们潜意识中关于世界、生活和自己最大限度、最深刻的认识和推断。

我们对生活的感觉,既能反映出一种强烈而健康的自尊,一种纯粹的存在价值，一种宇宙会迎接我们的思想和努力的信念；也能反映出我们缺少自信的折磨，以及我们感觉居住在一个无法理解的、充满敌意的宇宙中的忧虑。它能反映出一种欢悦的人生观，也能反映出一种肮脏无意义的人生观。它能体现渴望和自信，也能体现自我怀疑和令人痛苦的怨恨，无言、惆怅的渴望，痛苦、悲剧的反抗，温和、毫无怨言地听天由命，过分自信的无能，或者，故意任性的殉节——生活感觉是所有这些不同比例、不同程度的反应的混合体。

生活感觉的形成始于幼儿期，远比我们能用概念思考世界和自我要早。从童年开始的发育过程中，我们不可避免地会遇到某些根本的现实问题，这是关于存在本质的事实，我们对其以不同程度的现实主义和适应性、各种各样的方式作出反应。正是这些反应积累的总和，构成了与众不同的生活感觉。显然，成年之后的观察和学习会在某种程度上影响我们在一些事上的态度，但在更深层面上，生命早期形成的态度先于大量硬信息，它们被证明是非常牢固和难以改变的。

先从一个基本的例子谈起。现实中一个不可逃避的事实是，有意识和有目的的指导思想是我们存在所必需的，也就是说，我们需要了解，而获得了解需要概念性思维的努力。一个年轻人逐渐形成的立场，并不是通过明确的决定达成的。它不单纯是一个选择的问题，而是由一系列选择和反应积累起来的，而积累是由思考和所意识到的具体情况而定的。在当前的情形下，我们所关心的不是促成建立这种模式的所有因素，而是模式已经建立这一事实。

取决于许多因素，我们可能学会了积极快乐地作出反应，学会在锻炼思维方式中获得积极的乐趣；我们也可能学会勉为其难、尽职尽责地进行心智上的努力，实际上，却把它看作必要之恶。我们可能会以冷漠的怨恨或恐惧来看待脑力劳动，把它看作不公平的负担和强加的要求，并且尽可能避开它。随着时间的推移，在我们心理方面逐渐形成并固定下来的是一种倾向、策略、习惯——一种隐含的立场或前提。所有的生活态度都是这样形成的。个人的生活感觉涉及许多问题，这里我只想指出一些根本性问题。

现实是，人不是无所不知、永无过失的。我们很早就发现，不仅知识必须通过一个有指导的认识过程才能获得，而且在任何情况下，都不能保证我们的努力一定会成功。我们得学会心甘情愿、实事求是、几乎是无所畏惧地负起思考和判断的责任，准备承担我们的推断和行动带来的后果，认识到除了这种策略外，没有其他更合适的选择。或者，我们也可能对此感到恐惧，渴望逃脱责任，通过缩小意识、思考和行动的范围，把可能的错误造成的风险降到最低，或把我们害怕承担的责任推到别人身上；实际上，是靠别人的想法、判断、价值观和推断去生活。

如果相遇的两个人是以截然相反的方式应对这种挑战,他们之间便存在一个巨大的鸿沟,这道鸿沟会构成萌发浪漫爱情的巨大障碍。

现实情况是,人生有很长的路要走,我们要把目标变成未来,并努力实现这些目标,这就要求在必要的时候,我们有能力和意愿延缓眼前的快乐,忍受不可避免的挫折。即使最简单的生存方式,也要求我们想一想行动的后果,我们无法逃避以后的现实。(那些以否认当下为代价,只生活在未来的人的错误另当别论。)我们也许能学会接受明天,接受行动必定会带来后果;也许能现实地、不自怜地看待这一事实,并保持我们对价值的追求;我们也许会反抗,怨恨宇宙不能即刻实现我们所有的欲望,事实上这是把现实踩在脚下,只寻求那种能轻易、快速获得的价值。

现实情况是,一个人一生中将不可避免地体验到某种程度的痛苦,并且见证某种程度的痛苦。然而,有些东西不是不可避免的,即我们赋予痛苦何种地位、何种意义。我们也许不管遇到什么逆境,都能保留相对清晰的生活价值观,保存这样的信念,即幸福和成功是正常和自然的,痛苦、失败、灾害和失望则是反常和偶然的。(正如我们把健康而不是疾病,看作是正常状态。)或许,我们也可能断定痛苦和失败是生活的本质,幸福和成功才是暂时、反常和偶然的。

生命有机体的本性,是必须采取行动维持自己的生命和福祉。根据人类有机体的独特本性，我们一定要充分重视自己的生命和幸福，从而付出所必需的意识、思想、努力和行动。对于我们人类来说，这个过程不是自动的；我们并非生来就"架好线"能做出正确选择来为自己的福祉服务。我们也许能养成某种适应生存的自尊，能形成庄严的抱负去体验幸福，坚定不移地忠于自己的价值观，自豪地拒绝放弃和随波逐流；但也许由于害怕这种理性的自私和自我价值所要求的努力、责任、正直、勇气，我们会在意识还没有充分形成前就放弃它，放弃抱负，放弃幸福，放弃价值，不是为了自己的实在受益而努力，而是交给虚幻的、无法识别的懒散或忧虑。

我们的生活感觉对我们基本价值观的形成至关重要，因为所有的价值选择都基于一个人对其认为有价值的东西，以及其所处的必须有所行动的世界所持有的不言自明的看法。我们对生活的感觉是所有感觉和情感反应的深层原因，如同灵魂的主旋律、个性的基本主题一样。这就是生活感觉与浪漫爱情的息息相关。灵魂伴侣就是在重要方面和我们有共同生活感觉的人。

当我们遇到另一个人时，会感觉到他内心深处的旋律就在耳边；会感觉到他是怎样体验他自己的，他对待生活的态度是欢乐、恐惧，还是自我保护；我们能感觉到自己兴奋或漠然的程度，并且我们身体和情感的反应比用语言表达的思想更快。

在恋爱关系中，一方对另一方生活态度的肯定——这有时发生在初次见面时——对爱情的体验和相互可见性是很关键的。常常就是这个因素点燃了爱情关系。在浪漫爱情中，我们隐约感到我的情侣和我一样看待生活。他和我一样面对生活，和我一样体验活着的事实。

在我关于"自尊和浪漫爱情"强化课程中，我会带学生去做一种练习，目的是让他们明白彼此相互了解的程度，我们多大程度上在没有意识或认知的情况下，便可以立即相互感觉到并且作出反应。我叫房间里的每一个人都坐在地板上，面对一个完全陌生的人，静静地看着对方，不说话，不移动，只是看着，吸收对方的存在，形成一个印象，然后逐渐展开关于对方的自由幻想，不受任何束缚；想象这个人小孩时是什么样，作为情侣或伴侣时会是什么样，想象这个人可能有什么样的冲突或挣扎，想象这个人对他本人的感觉是什么，等等。然后，沉默片刻后，一方告诉另一方自己的想法、幻想和印象，另一方安静倾听，既不表示同意也不表示反对，不给予肯定也不驳斥对方。接着整个过程倒过来，先前说话的人现在保持沉默，沉默的人现在开口，分享对搭档的印象和幻想。最后，请他们评论并且说出自己的搭档说对或说错的地方。这时，房间里几乎总是充满了极大的惊讶和兴奋，因为准确率非常高。人们异常兴奋，惊叹自己是多么敏感，知道了这么多，看到了这么多。他们中的大多数人都没有意识到这一点。

在交流生活感觉的许多方式中，最少见的或许就是明确的、概念性的表述。当然，随着关系的发展，了解会以更易辨认的形式开始：两个人通过了解彼此所珍视和摒弃的东西结为朋友，例如通过观察彼此的谈话、微笑、站立、移动、表达情感、应对事件等方式。他们通过彼此的反应，通过说出和没说出的话，通过无须解释的解释，通过突然的、意想不到的相互理解的暗示发现了这一点。几乎每个人都有这种经历。

有时，生活感觉上彼此拥有亲和力的最佳标志，是在艺术领域有共同的喜恶。艺术比其他人类活动更明确地属于生活感觉的领域，并且个人对生活的感觉是决定个人艺术反应的关键。

但两个人对各自想法的讨论并非不重要。事实上这种讨论非常重要，不可否认，不容忽略。但就具体问题而言，仅仅抽象的、理智上的一致意见，不足以建立真正的生活感觉亲和力。实际上，这样的一致意见可能会产生误导，甚至给双方造成错觉，让他们以为彼此有比实际上更多的共同点。我见过很多青年人错误地走进婚姻，因为他们以为在哲学上的广泛共识就足以成为亲密关系的基础，没有注意到将他们分开的是更深层的生活感觉的差异。

没有相当的生活感觉亲和力，就不可能有广泛的、根本的和亲密的可见性体验。一个对生活有完全不同感觉的人，也许会因为某种特殊的品质而敬佩我们，但我们的满足感（倘若有的话）

会极其有限。我们会感到别人是出于错误的原因敬佩我们。

比如，一个男人对生活充满自信与肯定，从事着一项艰难而富有挑战性的事业，他得到了一个女人的仰慕，而这个女人对自己生活的感受是带着悲剧性的反叛，因此她所投射出来的是对一个英勇但注定要失败的受难者形象的仰慕。那么，被倾慕的这个男人不会感到令人满足的可见性，因为这种形象和他自己并不悲剧的生活感觉相冲突。

浪漫爱情的最佳状态是，我们如期地受到应有的尊重；同样重要的是，这种尊重的方式和角度与我们自己的人生观一致。那么，在这个极重要的领域的相似性，便根本上为我们的激情和持续的浪漫吸引力奠定了基础。我们会受到与自己相似的意识的吸引。

但是，如果就此打住，我们所描绘的浪漫爱情便是不完整的。因为我们寻找的并不是自己的真实镜像。关系的基础在于基本的相似，关系的精彩却很大程度上在于两者的差异互补。两人要一起构建产生浪漫爱情的环境。

差异互补

在最基本的层面上，可以从男人和女人之间的最终吸引力中观察到基本相似和差异互补的原则。在最抽象的层面上，亲和力和基本相似性是基于他们两个都是人的事实，没有这两点爱情不可能发生。而差异互补则为他们的相遇增添了独特的刺激。

说得具体些。我们遇到另一个人时，这个人已学会了和我们自己类似的生存策略，其处世方式我们一眼就能识别，其应对和适应过程与我们自己的过程很相似。那么我们就会产生认识上的震撼，感到一种深刻的联系，而这实际上是支撑关系结构的基础。没有这个基础，男女之间就不可能产生严肃、成熟的爱情。但世上没有完全相同的两个人，没有以完全相同的方式发展的两个人，没有使完全相同的潜力通过行动成为现实的两个人。正如工作有其特殊性一样，个性发展上也有特殊性。

举例说明：一个人比另一个人更多发挥自己的语言文字技能，另一个人则在直觉功能上发展得更好；一个人主要是行动导向，另一个人则更偏好沉思；一个人比较有艺术倾向，另一个人则比较世俗；一个人对过去有强烈的依恋，另一个人则完全活在当下或未来；一个人在工作方面一心只想成功，另一个人则总想发展和培养人际关系；一个人也许深爱物质生活，另一个人则深爱精神或智力生活。我们在不同程度上都拥有这些潜能，并且在不同程度上实现了这些潜能。尽管所有这些可能性存在于每个人身上，但每个人的精确组合方案却和指纹一样独特和富有个性。

我们最有可能爱上的人，是我们能同时体验到基本亲和力和差异互补的人。一男一女体验差异互补时，会发现这些差异很刺激、富有挑战性且激动人心——这是一种能提高活力、张力和成长感觉的动力。

显然，人与人之间不是所有差异都能互补，有些差异也许是对抗性的。一些心理学家断言，异性相吸的结论过于肤浅。他们观察到异性相斥至少同样真实。有些男人和女人的认知风格（思维方式和处理经验的方式），他们与时间、行动以及世界的联系方式是如此不同，以致他们之间除了摩擦、急躁和易怒之外，几乎什么也没有，尤其是当他们试图亲热时。

在浪漫爱情固有的良好亲密关系中，一个男人和一个女人必须体验到他们之间的差异是相互丰富的，能够激发彼此尚未开发的潜能，这样他们的相遇才是一次扩展意识和生命力的冒险。

两个人，其中一个的主要认知风格是理性化的，另一个人的主要认知风格是直觉的，如果他们能彼此尊重并欣赏对方的认知风格，他们也许就会有相互丰富和促进的关系。但是，如果认为对方的认知风格与自己是对抗的，就会造成冲突和不和谐。或者，一个主要是以行动为导向的人，和一个主要是以精神为导向的人，体验彼此的差异是互补还是对抗，很大程度上取决于他们是否有意愿、有能力欣赏对方的价值。而反过来，这又在很大程度上取决于每个人是否有能力接受和尊重自己心中潜在的、次优潜能的部分。

在最后这一点上，我们稍作停留。通常情况下，我们最不能容忍那些身上拥有被我们否认的特征或可能性的人。我认识一个女人,她不承认自己的攻击性,而且经常对她恋人的攻击性感到愤怒。我认识一个男人,他不承认自己敏感,而且对女人的敏感特别不耐烦。通常夫妻争吵和埋怨的正是他们自己拥有却不愿意去了解的特征。例如,我想到一个男人,他可以容忍自己身上几乎所有的感觉,除了无助感,一旦他的妻子表现出无助,他就对她生气。他不知道的是,其实他很珍视妻子偶尔允许她自己感到无能为力,实际上她为他们两人承载了那份无助。我曾经与一个非常活跃、有抱负的女人一起工作,她偶尔抱怨她的丈夫很被动,但实际上她很重视他身上的那种品质。通过他,她让自己间接体验了这种被动,几乎像是得到了她自己无法直接得到的秘密奢侈品。浪漫爱情往往与我所描述的这种摩擦共存。每一天,一对对体验到某种差异互补和差异对抗的男女都会真正坠入爱河。

问题的关键在于,我们可以通过认识并承认自己身上那些令人沮丧、苦恼的特点,来解决冲突;学会接受自己身上的这些特点,我们就能更好地接受别人身上的这些特点。

那些接受自己并能彼此接纳的伴侣之间的差异互补,可以成为促进成长和增进自我发现的强大源泉,彼此都代表了对方通向新世界的路径。恋人的自尊越稳固,这种情况就越有可能发生,因为他们越有可能不把差异当成威胁。

有时,我们在另一个人身上看到自己一直在努力表现的东西，如果那个人也在我们身上看到了类似可能，就会迸发出爱情，通过接触、参与和互动，我们会感受到一种扣人心弦、日益增强的生命力体验。实际上，一种更深入地洞悉爱情关系的方式，是反问自己：我的恋人让我重新认识了自己的哪些部分？在这段关系中，我怎么体验自己？在这个人面前我最活跃的内心感觉是什么？在回答这些问题时，我们会意识到我们爱上这个人的最重要的原因。

在继续讨论之前，我想先澄清一点。只有当每个人的特点都是有价值的，而且是对方所需时，差异才能互补，彼此才可能建立成功的关系。价值和反面价值是不能互补的。在一个自尊很强的人和一个自尊不足的人之间，或者在一个高智商的人和一个好胜又愚笨的人之间，是看不到热恋的。这样的差异本质上就是对抗性的，不可能互相促进。为了使差异能互补而不是对抗，它们必须在互不排斥的范围内，亦即不能是属于存在的根本性问题。自尊和自憎、诚实和不诚实之间的差异，不是可有可无的，而是代表不一样的价值取向或存在状态。它们之间的差异是根本性的，而在这些根本性问题上，我们渴望获得的是亲和力。而在诸如认知或个性风格方面，我们在一定范围内欢迎并享受差异，因为这方面的差异拥有同样的价值。

有时，一个不诚实的人会被一个诚实的人吸引，正如一个不自信的人会被一个自尊的人吸引去寻求自己身上缺乏的品质那样。但是这种吸引是单边的，不是相互的。诚实不会被不诚实吸引，自尊不会被自我怀疑吸引。相爱的基础并不存在。

当相爱的基础确实存在时，当基本亲和力和男女之间的差异互补有一个适当结合时，如果他们在生命的那个阶段有能力去爱，那么早在他们明确表达彼此相互吸引的许多理由之前，爱情就开始发展了。很多相爱多年的男女的经验是，他们会不断发现新的相爱的理由——那些早就被直觉或潜意识抓住，但需要很长时间才用语言表达出来的理由。并不是说有什么人曾指出所有这些理由，也没有必要这么做；但对于那些希望探索这一领域的男女来说，不妨问问：我们在哪些方面是相像的？我们的差异和愿意促进的方面在哪里？

也许我应该提一下，泛泛而谈另一个人的特征，永远无法令人完全满意。这些特质在具体人格中相互作用的方式、存在的程度以及这两者之间的平衡，始终是问题所在。平衡和程度是关键。例如，我很喜欢在我钟爱的女人的个性里发现某种男性气质。但是，如果一个女人身上完全融合了女性气质，同时在她的妆容上有"男性"元素，而另一个女人身上的"男性"元素很强，以至别人得提醒自己她是个女人，这两种女人之间显然有天壤之别。我一直觉得，没有任何"男性原则"的女人是非常无趣的女人，而许多女人也有与我一样的感觉，认为一个没有任何"女性气质"的男人同样也无法令人兴奋。但是，程度的把握显然至关重要。

至此，我们所谈的为什么我们会爱上这个人而不是另一个人的问题，多少都是在假设成熟、浪漫的爱情的情况下。但基本亲和力和差异互补的原则，同样适用于不成熟的爱情关系。鉴于这种关系在统计数据上十分普遍，因此有必要做一些相应的解释，进一步阐明我们一直在探讨的原则，了解不成熟的爱情与本书所讲的浪漫爱情的区别。

不成熟的爱情

成熟和不成熟指的是个体到了成人阶段，在生理、智力和心理发展上成功或失败的两个概念。在成熟的爱情关系中，差异互补主要是指优势互补；在不成熟的关系中，差异互补往往是弱点互补，这些弱点包括需求、欲望和其他人格特质，反映了健康成长和心理成熟的某种失败。我们将着眼于最本质的问题——分离和个体化，这涉及个人达成成人自主水平的任务的成败。

许多人面对生活时，抱着一种态度，如果将它转换成明确的语言（几乎从来没有），就等于在声明："我五岁时的重要需求没得到满足——在这些需求得到满足之前，我不会长到六岁！"一般来说，这些人是非常被动的，即便表面上有时会显得很积极，很有进取心。实际上，他们在等待，等待救援，等待有人告诉他们,他们是好男孩或好女孩,等待别人的确认或证实。因此,他们一生也许都在渴望取悦别人,得到别人照料;或者相反,他们要控制和主宰、操作并强迫别人,使他们的需求和欲望得到满足,因为他们不相信别人的爱或关心是真实可靠的。他们没有足够的自信去相信,不用伪装和欺骗,自己本来的样子就已经够好了。

不管他们的行动是无助的、充满依赖的,还是控制的、过分保护的、"负责任的"、"成熟的",他们都会隐约感到一种难以名状的欠缺,感到只有别人才能纠正这种感觉。他们失去了自己力量和支撑的内在源泉。

不管他们是通过支配还是服从、控制还是被控制、命令还是服从命令去寻求完善和圆满,都有一种空虚的感觉,在他们的存在中有一个空洞,一个自我无法发展的尖叫的洞。他们从未吸收和整合人类孤独这一基本事实,也没有在成长的岁月中形成个性。

他们未能将认可的源泉从他人转移到自我。他们未能进入自我负责的阶段。他们未能坦然接受自己终将孤独这个不可改变的事实,所以,他们想与别人和睦相处的努力受到了阻碍。他们以怀疑、敌意和疏远的眼光看别人,或者把别人看作安全带,可以帮助他们在自己忧虑和心神不定的惊涛骇浪中渡过难关。不成熟的人往往会把别人看作满足自己欲望和需求的主要来源,甚至是唯一来源,而不是立足于自己,这几乎像婴儿看待父母一样。因此他们的关系往往是依赖性和操纵性的,不是两个可以自由真诚地表达自己、能彼此赞赏和享受的成熟个体的相遇,而是两个不完整的人相遇,双方都指望爱情来解决内在的缺陷,梦幻般地完成童年未完成的事,填补他们个性中的空洞,把"爱"作为成长成熟和自我负责的替代物。

这些坠入爱河的不成熟的人,有一些共同的基本相似点。了解不成熟的爱情为什么会产生,也就了解了为什么它会那么快消失。

一个不成熟的女人看着她的爱人时,她的心灵深处可能产生这样的想法:"我的父亲使我感到失宠;你将代替他,给予我他没有给我的东西。我将为你创造一个家,为你做饭,为你生儿育女——我将成为你的小小乖女孩。"或者,一个女人从没有得到过父母单方或双方的爱,她就无从知道自己受到了多么大的伤害;已有的自我贬低的感觉,会一直延续进入成年。而这种未完成情结,作为一个人的不完整感总是存在并在潜意识里继续影响她做事的动机。她"爱上"了一个男人,不管这个男人有其他什么美德,都与抛弃她的父母有共同的重要特征。也许他很冷漠,不易动情,不能或者不愿意表达爱。而她就像一个失败的赌徒,无法抗拒地回到曾经失败过的赌桌上,情不自禁地被他吸引。这次她不会失败。她会将他融化。她会找到融化他的方式,在他身上激发出她渴望的并且在童年没有得到过的所有反应。而且她感觉这样做以后,她就能赎回自己的童年——她将赢得对过去的胜利。

她没有意识到,除非其他因素干预引起她心理的积极变化,这个男人保持几分冷淡,对她漠不关心和疏远,于她才是有用的,而且是很耐用的。要是他变得温柔可爱,他就不再适合做母亲或父亲的替身,不再适合扮演她给他安排的角色。因此,在她求爱时,她反而会小心翼翼地保持他们之间的距离。如果他变得有爱心和同情心,她可能会感到方向迷失,并且往后退缩;她大概不会爱他了。她向她的心理医生哭诉:"为什么我总是爱上不懂得爱的男人?"

一个男人看着他的新娘,心里会想:"现在我是个已婚男人了,我是成人了,我有责任了,就像我的父亲那样。我要努力工作,保护你、照顾你,就像我父亲照顾我母亲那样。然后,他——和你——和大家——都会看到我是一个好男人。"或者,当一个男人还是小孩时,他母亲就弃家与情人私奔,这个小男孩感觉被人背叛和遗弃了;是母亲,而不是父亲离开了。(这是童年自然的自我中心。)他告诉自己——或许在父亲的帮助和鼓励下——"女人就是那样的,不可靠"。他决心绝不轻易受这种痛苦的伤害,绝不允许任何女人让他再遭受母亲给他的那种痛苦。但是,多年以后,他只知道与女人的关系有两种:一种是,他比女人更不在乎，他伤害并且背叛她；另一种是，他选择了一个终将对他不诚实并让他受苦的女人。他迟早落得和第二种女人在一起完成童年未完成的事。（但他永远无法以这种方式让事情圆满，因为这个女人不是他母亲，只是一个象征性的替代。）当这个女人"使他失望时"，他会自称感到震惊和迷惑。他生活中热烈的"恋情"就属于这第二种。他脱离了最初的痛苦、问题的根源，以及早已否认的感情，因此他无力有效地处理并解决这些问题。他是未能面对问题的囚犯，在他心灵深处始终找不到解决办法，可是戏还在继续。下一次，他还是会愤怒。同时，为安慰、为休息、为娱乐、为复仇，他能伤害多少女人就伤害多少。他总是问："浪漫爱情是一种错觉吗？它对我似乎从未起作用。"

我曾为"自尊和浪漫爱情"强化训练班开发了一个有关这个问题的练习。组员们得到以下指示：拿出你的笔记本，并在空白页上方写下"母亲"，然后写下六到八个描述或形容她的词语或短句，接下来写一句话，谈谈你如何看待她给予和接受爱的能力。接着翻到下一页，在上方写下"父亲"，为他也列出同样的清单。继续翻到下一页，写下"母亲或父亲令我感到沮丧的方式之一是"，然后为这个句子写六到八个不同的结尾。现在，翻到下一页，写下你第一任配偶的名字，或者在你的生活中与之有过最痛苦热恋的人的名字。在名字之下写六到八个词描述那个人的特征，结尾还是要用一句话说明你如何看待这个人给予和接受爱的能力。最后翻到下一页，写上"（填上上一页那个人的名字）令我感到沮丧的方式之一是"，然后给句子写六到八个结尾。在教室里，你总是会听到叹息、大笑和咒骂声。"上帝啊，"有人喊道，"我和我的母亲结了婚！"另一个人大声回应道："我和我的父亲结了婚！"还有一个惊叹道："至少我还有理智不结婚。"对很多人来说，这五页纸的含义令人震惊……但也并非令人完全震惊。

在某种程度上，可以足够真实地说，不成熟的爱情就是男人或女人对情侣不切实际的感受，以幻想和投射代替清晰的观察。可是，在更深的层次上，在一个通常不被承认的层次上，有一种意识证明他们并不盲目，他们知道自己选择了谁，只是他们参与的游戏可能要求他们假装自己是盲目的。当伴侣的行为完全吻合他们的生活脚本时，他们就能表现出迷惑、伤害、愤怒和震惊的姿态。这一点的证据在于不成熟的人会准确地找到其他不成熟的人，那些人的问题和存在方式总是和自己的问题相吻合。例如，一个女人需要经历痛苦，需要在关系中排"第二"，需要让母亲放心她不是一个竞争者，她能以导弹一样的精准设法找到并爱上一个已婚男人，不管这个男人如何宣称对她多么忠诚，却绝对"不能"离开他的妻子。一个男人如果需要扮演很强壮、能给予保护、能负责任和掌控一切的角色，他就会找到一个需要假装软弱、无助、依赖、孩子气的女人。出于这样的"差异互补"，有时就会产生"爱"的火花。

有些女性，她们对于处在母亲和孩子的角色上感到很自在，但不是在女人的角色上。有些男性，他们对于父亲和孩子的角色感到很自在，但不是在男人的角色上。"穿过拥挤的房间"——或在茫茫人海中——他们设法找到对方。然后他们交替扮演保护者和无助者的角色，来回切换，由无言的信号来引导，各自为对方提供一个舞台，在这个舞台上表演他们的不成熟、他们童年未完成的事，同时假装他们是成人了。

我们总是可以观察到基本的亲和力——不安全感、角色扮演、对虚幻存在的承诺，以及差异互补——不同但互补的行为、面具、角色、游戏，让双方都有遇到灵魂伴侣的体验。

即使这些关系往往不稳定、不能持续、容易爆发或耗尽，但某些时刻还是会给人带来兴奋感、更深刻的觉知、更强的生命力，甚至是一种魔力。这样的关系有时表现出上瘾的所有特征。恋人一方的自尊与伴侣的支持和确认是如此紧密，以致即使是最短暂的分离，都可能触发忧虑、恐慌和绝望。甚至当这种关系结束时，被留下的那个人可能会像瘾君子一样出现戒断症状。（Peele and Brodsky, 1975）

我们将在第四章进一步详尽阐述成熟的浪漫爱情和自称浪漫的不成熟爱情之间的区别，尤其是关于自尊和自主的讨论。但现在我们要记住，当我们说"成熟"和"不成熟"时，总是在谈程度的问题。当我们要把一项原则独立出来时，把个人和关系的特征描述为"成熟"或"不成熟"是很容易的，但同时我们也认为实际上一些概念的影响是连续的。此刻，我提出这个观点，是因为读者在看过对不成熟爱情的描述后也许会感到迷茫，感觉自己在关系的某些方面是成熟的，在另一些方面是不成熟的，不知道该如何区分。其实，就像一个人也许在某些方面很成熟，在另一些方面不成熟一样，一段特定的关系也许在某些方面是成熟的，在另一些方面是不成熟的。

此外，我们需要承认，一个发展得很好很成熟的男人或女人也许仍会有不成熟的时候，其感觉和反应远低于他们平常表现的水平。但他们往往会接受这种时候，不会自我责备或自我谴责。这不是说一个成熟的男人或女人从未有过想做一个孩子、一个无助的人、一个不负责任的人的感受。相反，如果情况允许，他或她会允许、接受、拥有这种感觉，但并不会停滞，一辈子固着在那里。他们会跟随这种感觉前行，他们顺从这种感觉采取的行动是一种选择，而非被迫。

成熟的人会接受偶尔不成熟的感觉，把它们视为正常甚至是愉快的；不成熟的人则会否认这种感觉，并一直被这种感觉所禁锢。

奇特的变数：节律和能量

在结束讨论浪漫爱情的选择过程之前，有一个需要提到的变数，我把它留下来单独讨论。这种变数对男女之间是否产生真正的爱情有重大意义，却几乎从未得到承认或理解。它对潜在关系的影响，不论是正面还是反面，都非常强大而微妙。这种变数属于人类的生物节律和自然能量水平上的差异。

生物学家已经发现每个人都有先天的生物节律，这是由基因决定的，只在生命最开始的两三年内可能略有修正，以后几乎再也不可能改变。生物节律在语言模式、身体运动、情感反应中会表现出来，成为我们常称之为"气质"的一部分。与生物节律密切相关的是这些事实：有些人天生精力更充沛、体格更强壮、情感更丰富、智力更出众；他们的行动、感觉、思维更快或更慢；他们似乎能体验与时间的各种关系。

先来看这种现象的消极影响：有时两个人刚好相遇，基于许多亲和力和差异互补正处于爱河边缘，但他们之间不断有一些微妙的、常常是不可思议的摩擦。他们无法解释，感到很奇怪，相互步调不一致。他们经常感到愤怒，并且很难说清自己的感觉。在这种情形下，他们坠入爱河的障碍便有可能是生物节奏和天生能量水平上的差异。

天生就快的人总会感到不耐烦，天生就慢的人总会感到有压力。通常，两人中更快的一个做出的反应是变得更快，两人中较慢的一个做出的反应是变得更慢，每一方都设法迫使对方调整以迎合自己的状态，却没有意识到他们的要求多半是不可能实现的。他们不理解这种现象，于是会找出各种理由来解释他们的争吵和分歧；他们会寻找彼此的缺点，并以这些所谓的缺点来解释他们的分歧。他们永远不会意识到使他们不相容的更加深刻的原因。

当然，尽管有这方面的冲突，男女有时还是能够而且真的坠入爱河。有时在他们的关系中有其他足够的积极因素——这对情侣有足够的艺术和智慧——因此他们能超越这个困难。但是也有时候，这种困难往往被证明是持久爱情的一个不可逾越的障碍。悲哀的是情侣几乎很难理解其原因。

再看看这种现象的愉快一面：一个男人和一个女人相遇并且感到步调一致时，就会有一种令人欣喜的和谐、关系正确的体验（当其他亲和力支持这种基本亲和力时），有一种在非常特殊的意义上彼此理解的体验。我们看到一对情侣，他们有其他基本亲和力，此外在生物节律和天生能量水平上也比较能步调一致，我们常常会感觉他们之间有一种奇妙的共鸣，好像他们伴着同一首无声的音乐律动。

我们还远未能充分理解人与人之间在这个方面的差异。很难提供一个准则来解释为什么有些差异可以忍受，而另一些似乎无法忍受。在我们现有的知识水平上，这种现象主要是我们通过直接经验，通过感觉，在我们自己和他人身上感受到的。但是，一旦我们意识到、注意到它，一旦我们在这种理解的背景中看待我们的关系，常常就会豁然开朗。此外，我们还会理解为什么我们会感到自己被某个人而不是其他任何人强烈地吸引，或者为什么——在几乎要发生但没有发生，或者一开始就失败的爱情关系中——我们有可能享受这么多方面的和谐与兼容，可是情感还是被一些微妙又无法逃脱的愤怒摩擦所切断和破坏。

爱情，作为私人空间

在激起浪漫爱情的基本亲和力和差异互补之外，我们创造了一个私人世界。只要双方的关系持续下去，两个自我、两种个性、两种生活感觉、两个意识孤岛，彼此找到了对方，互相渗透，开始发展他们的生活空间。他们创造的新空间与他们各自独占的空间是不一样的：它是混合的结果。

这是我们晚上回家和伴侣重聚的空间。它由无声的理解、不用说出口的话、富于表情的扫视和幽默的简捷信号组成，一个有共同主体的空间。恋爱过不止一次的人都知道，每种爱情关系都有自己的音乐、情感品质和风格，以及它自己的世界。

不管它是一个基于共同视野的空间（浪漫爱情）还是基于共

同盲目性的空间（不成熟的爱情），不论它是由幸福塑造的宇宙，还是一个仅仅用来抵御痛苦的堡垒，它的本质及爱情的本质，无论成熟与否，都是一个情感支持系统、一个避难所、一个隔绝外部世界的营养和能量的源泉。在混乱和模糊的世界中，有时它被视为唯一的确定点，唯一坚实确切的事物。

的确，这是浪漫爱情所满足的需求之一：需要为这个私人空间提供支撑，它为我们在外边奋斗提供了燃料。如果爱情关系是成功的，这样的空间永远是支撑的源泉；它是否能保持下去，取决于创造它的男人和女人。

一个男人和一个女人相遇并坠入爱河，他们独特空间的创造在第一刻就开始了。随着关系的发展，随着每个人的发展，这个空间也会一直发展。坠入爱河后，互相承诺，选择齐心协力，他们就站在了人类最艰巨的事业之前：让他们的关系发挥作用。我们考虑过什么是爱，为什么会产生爱，现在我们要开始考虑爱为什么有时发展，有时消亡。我们要审视浪漫爱情的挑战。

第四章

浪漫爱情的挑战

Chapter Four
The Challenges of Romantic Love

开场白：前面的挑战

界定维持浪漫爱情关系所需的条件这一任务，看上去也许就像界定一部伟大交响乐所需的条件一样困难。我们可以规定一些显然必要的条件，但我们能确认所指认的条件足够充分吗？并且，即使那些看似必备的条件也可能常常被破坏，至少略有改变。因此，我们认为这项任务是极为艰巨的，这并不是因为它本质上有什么不可知或神秘之处，而是因为人类有丰富和复杂的心理。

当然，有许多人坚定地认为爱情本质上是神秘的，他们嘲笑所有理智对待爱情的努力，这种人甚至认为理性会扼杀浪漫爱情。这等于说意识会杀人。

事实恰好相反。无意识才会杀人。无知和盲目会杀人。如果我们不能掌握浪漫爱情成功所需要的至少某些必备条件，那么我们只有再遭受几个世纪以来人们已受过的男女之间的痛苦了。

我不相信痛苦是世人必需的和不可避免的。我不相信生活的精华是苦难。但我完全相信这种信念本身是人类苦难的主要原因。尽管宗教教诲我们对痛苦逆来顺受，但这绝不是什么特殊美德，而是恰恰相反。问题在于，人们全都对痛苦过于忍耐，太快地告诉自己，在现实生活中谁是幸福的？！

被动接受不容置疑的痛苦是一种消极情绪，是不能承担自己生活的责任。这的确是人类极大的弱点。有时，在给人进行精神治疗时，我看到生闷气、放纵自怜、回避所有问题的不负责任的态度，很难不感到不耐烦，很难不感到这些人实际上是自作自受。

要为我们的生活负起责任，我们得放弃一种信念，即相信挫折和失败是我们天生不可避免的命运。这种信念有时被认为是通晓世故和明智，实际上它无法面对生存的挑战，无法面对意识的挑战，它是面对做人的挑战时束手无措的表现。

爱情发展有种种原因，爱情消亡也是如此。我们也许无法知道问题的全部，但我们所知道的也已足够多。

说到这里，如果要实现浪漫爱情的承诺，我们就要看看必须成功应对哪些主要挑战。在考虑这些挑战时，我们同时要应对爱情为什么有时发展、有时消亡的问题。把这些问题截然分开是不可能的，它们是同一枚硬币的两面，正反两面相辅相成，可以互相说明。

自尊

浪漫爱情成功与否至关重要的诸多因素中，自尊是最重要的。我们必须圆满完成的第一桩恋情是与自己的恋情，只有这样我们才能为其他爱情关系做好准备。

如果你认为不爱自己就不可能爱别人的说法已经过时了，也无可厚非。但这只是问题的一部分。如果我们不爱自己，几乎不可能完全相信别人会爱我们，接受爱几乎是不可能的。不管我们的伴侣用什么来表示对我们的关心，我们都无法体验到这种奉献是可信的，因为我们并不感到自己是可爱的。

我在别处写过，自尊在我们的生活和经验中起到的核心和强大作用（Branden，1969，1994）。但是，在此有必要简单回顾一下某些核心观念，以便理解自尊和获得圆满爱情的能力之间的关系。

作为一种心理现象，自尊有两个相关的方面：个人效能感和个人价值感。它是自信和自尊的总和。正是这种信念——或者，更准确地说，是这种体验——我们才能活着并值得活着。自尊就是体验到我们适应了生活和生活的要求与挑战。

如果一个人面对生活的挑战感到力不从心，根本上缺乏自信，我们就会认为他自尊不足。并且，如果一个人缺乏基本的自尊，缺乏价值感，缺乏有权获得合法需求的主张，我们也会认为是自尊不足。基本效能感和基本价值感对健康的自尊来说是不可缺少的两个要素。

我能胜任生活，意味着我对自己的能力有信心，对我在兴趣和需求范围内理解与判断现实的能力有信心，有智力上的自信和独立思考的能力。

我值得活着，意味着我对我生存和幸福的权利、对自己需求的主张持肯定态度，幸福是我与生俱来的权利。

自尊是持续存在的，实际情况不是一个人要么有自尊，要么没有自尊，而只是程度不同。很难想象一个人完全没有自尊，也很难想象一个人没有任何增强自尊的能力。

在此，我们关注的不是影响某个人自尊水平的所有心理因素。我们只需要承认一个明显的事实，即不同的人自尊水平是不同的，并且自尊水平对自己的生活和经历有深刻的影响。

自尊的本质和水平实际上影响着我们生活的每个方面，也影响我们对爱人的选择，以及在爱情关系中的行为。我们已经注意到，有相似自尊水平的人往往会相互吸引。我们往往会感到和与自己有相似自尊水平的人在一起最舒适自在。自尊强的人往往会受其他自尊强的人吸引；自尊中等的人往往会受其他自尊中等的人吸引；自尊弱的人往往会受其他自尊弱的人吸引。这里讲到的被吸引，不是指瞬间的性反应，而是我们称之为爱情的依恋。

如果不了解绝大多数人都有某种自尊不足的话，我们就不可能理解大多数关系中的悲剧。也就是说，除其他方面之外，他们在心灵深处没有感觉到他们有足够的自尊：他们不觉得他们这样会讨人喜欢，不觉得别人爱他们是自然或正常的。但他们不是有意识地持这些态度。在意识层面上他们也许会说："当然，我期望有人爱我。我当然值得爱。为什么我不该被人爱？"但是，在更深层次上，他们存在着负面消极的感觉，破坏了走向圆满的努力。

在文学课上，老师教我们人物决定行动。我想把这句话改写为"自我概念决定命运"。或者，更精确地说，自我概念有决定命运的明显倾向。

例如，如果我们信任自己，信任自己的理解力和思维能力，我们就会敞开去体验，积极地去了解和理解。我们就不会因缺少自信产生的阻塞而变得僵化麻痹。而且我们日益增长的能力也会提高我们的自信。另一方面，如果我们高度怀疑自己的努力，缺乏对自己认知能力的信心，不相信自己的评断，我们的不安全感就会导致挫折和失败的行为。而这些行为及其结果，似乎恰好证明了我们最初的不自信。

这里有一个例子可以说明这些先入为主是怎么回事。我在大学里开"浪漫爱情心理学"讲座时,一次讲座后,一群学生围过来提问。其中有一个年轻的女士,她先是恭维了我的演讲,然后相当苦涩地说她多么希望男性会了解我刚才谈论的原则。她说的时候,我产生了一种想离开她、转身就走的冲动。同时,我的反应又激起了我的兴趣,因为那天晚上我心情非常好,对整个世界怀着一种仁慈的感觉。

她自顾自地说着,大意是男人并不欣赏女人的聪明。我打断她的话说:"听我说,我想告诉你我的想法。此刻,我有一种终止与你谈话的冲动,想躲开你。我想我知道这是怎么回事。如果你感兴趣,我想告诉你这一点。"她感到很吃惊,点了点头。我继续说:"你一开始谈话,我就得到三条信息。首先,我得到的印象是你喜欢我并且要我也喜欢你,要我对你作出积极的反应。其次,我同时也知道了,你已经相信我不可能喜欢你或是对你要说的任何事感兴趣。最后,我还知道了,你对我拒绝你很生气。可我还没有开口对你说一句话。"她陷入沉思,然后哀伤地露出微笑,承认我说对了。我说:"幸运的是,我愿意解释我自己。但是,如果你与某个年轻男人谈话时发出这些信息,他很可能就走开了。看着他消失的背影,你会对自己说,问题就出在男人不欣赏聪明的女人上。但其实你在作茧自缚,并且毫无察觉。"显然,自我意识往往会决定浪漫爱情的命运。现在让我们更具体地看看是怎么回事。

被爱的合适程度

可以想象，一个人也许在潜意识里感到自己没有价值，不讨人喜欢，不是一个能激发持久爱恋的人；但同时，这个人也渴望爱、追求爱、希望并梦想找到爱。我们假设这个人是男人。他找到一个喜欢的女人，她似乎也喜欢他，他们彼此见到对方时很幸福、很激动、很兴奋——并且一度看起来他的梦想即将实现。但是在他心灵深处，一颗定时炸弹正嘀嗒作响——那是他自认为的他生来就不讨人喜欢的信念。

这颗定时炸弹会激起他去破坏他建立的关系。他可能通过各种方式这么做。他也许会不断地要求保证。他的占有欲和嫉妒心也许会变得很过分。他的行为也许会变得很冷酷，以测试她对他的爱有多深。他也许会说些自我贬低的话，等待她纠正他。他也许会告诉她，他不值得她爱，而且一而再，再而三地告诉她。他也许会告诉她，所有女人都变化无常、不能信任。在她可以拒绝他之前，他也许会找到无尽的借口批评她、拒绝她。他也许试图通过使她有负罪感的方式来控制和操纵她，从而希望将她拴在他身上。他也许变得沉默、内向、心事重重，抛出她无法穿越的障碍。也许过一阵子，她觉得受够了，精疲力竭了，被耗尽了，离开了他,于是他又感到凄凉、沮丧,感到被击垮、被摧毁。好极了,这证明他是对的。世界还是他一直就知道的那样。"他们在写情歌,但不是为我而写。"但是,知道自己能了解现实的本质是多么令人满意啊!

假设,尽管他尽了最大努力,还是没能把她赶走,或许是因为她相信他,懂得他的潜台词;或许是她有受虐癖,需要和这样一个男人扯在一起。她要依附他,于是反复向他保证。不管他做什么,她的爱还是越来越强烈。她简直无法理解他所感受的世界的本质。她不明白的是,谁都不能爱他。她继续爱他,就是给他出了一个难题,使他的现实混淆不清。他需要解决和出路。他找到了,那就是得出结论:他已经不爱她了。他要么告诉自己,她令他讨厌;要么告诉自己,他现在爱上别人了;要么告诉自己,他对爱情不感兴趣。具体哪个理由并不重要,实际结果是相同的:最终,他还是孤独一人——他总是"早就知道"会是这样。

然后,他可以再一次梦想找到爱情——他可以找新的女人,这样他就可以把戏重演一遍。

当然,他的关系不必结束得如此彻底。分离也许不必要。他也许愿意让关系持续下去,只要他和他的伴侣都不幸福。这是他可以忍受的妥协。这实际上几乎就是孤独和被遗弃。

我再举一个例子,假如一个女人得出结论,一个男人不可能爱她胜过爱其他女人。她的自我意识无法容纳这样的可能性,同时，她又渴望爱情。当她找到爱情时，她通常会怎么做呢？她也许会不断地和其他女人进行不利于自己的比较。她也许会费尽心机、荒谬地假装优越，否认自己的忐忑不安。她也许会不断指出其他漂亮女人，看他如何回应。她也许会以她的猜疑折磨他。她也许甚而鼓励他去风流，暗示这也许对他有益，并且她不介意。无论怎样，她创造了一种情境，其结果是她的恋人与别人有染。

当然，她有切肤之痛。她感到凄凉。但是，情况按她设置的轨道发展，她却说不出来。她创造了她总是"早就知道"的局面。

进一步说，我们观察到，想要掌控自己生活的愿望完全是人之常情，这无可厚非，但是，如果我们不自觉地受到自我毁灭和自我破坏的信念操纵，就可能导致非理性的行为。要掌控生活就要了解影响我们生活的现实，这样我们才能理性、准确地预测我们行动的后果。当我们出于一种被误导的控制观念，试图让现实符合我们的信念，而不是让我们的信念符合现实时，悲剧就发生了。如果我们盲目坚持自己的信念，无意识地操控事情，又对存在其他可能性的事实茫然不知，悲剧也会发生。如果我们宁可自以为是也不愿幸福，宁可持续地抱有幻觉也要无视现实并非我们告诉自己的那样，悲剧就会发生。如果我们没有意识到自己消极的自我概念和自我破坏的信念，我们就是它们的囚徒。只有在我们意识到自我破坏的信念时，我们才能改变自己的行为。

只有看清自己，才能有所行动。而且我们的行动往往导致继续保持自我概念的结果。

积极的自我概念会发挥出有利于我们的作用。消极的自我概念，其结果就会是灾难性的。当我们感到被拒绝了，或者当我们回顾过往的人际关系，除了看到一连串的失望、挫折和失败之外什么也没有，这时候问一问自己：我是否感到有人爱我是自然的或正常的？被爱是一个无法实现的奇迹吗？它会持久吗？这样的问题往往很有启发。

获得浪漫爱情幸福的第一个要求，是视自己被爱为正确的、自然的和合适的。懂得如何使自己在爱情关系中获得幸福的人，是那些敞开自己，接受爱情的人。并且，为了接受爱情，必须爱自己。爱自己的人不会认为别人爱他们是不可理解的。能够让别人爱自己，其爱情既自在又优雅。

随着进一步的讨论，我们会越来越清楚地看到，享有自尊在生活中是多么重要。享受自己的存在，为在深刻意义上认识自己而感到愉快，去体验自己被别人重视和爱护——这是浪漫爱情发展的第一个要求。

幸福的合适程度

正如我所指出的，自尊中包含着我们维护自己的利益、需求和欲望的权利,是感到自己值得幸福的体验。我在各种各样的专业背景和环境中与几千人有工作接触,一再给我留下深刻印象的是,人们在这一领域普遍感到恐惧和怀疑,他们觉得他们不应得到幸福,没有权利使自己的要求得到满足。他们经常有一种感觉,如果自己是幸福的,那么幸福就会被夺走,或者会发生可怕的事,某种难以名状的处罚或悲剧,把幸福感抵消了。对这种人来说,幸福是忧虑的潜在来源。虽然他们可能在意识的某个层面上渴望幸福,但在另一个层面上又害怕幸福。

一个人也许会坚持认为"我当然有资格获得幸福!",在意识层面有一种对幸福的正常渴望,包括与浪漫爱情有关的幸福;但当他真正体验到幸福时,当这个人与他人的关系很好时,其反应经常是感到忧虑和迷失方向。他会有一种说不出的感觉,"这不是我期望的生活方式"。

许多人,特别是在宗教家庭长大的人,得到的教导是,痛苦是代表获得拯救的通行证,而享受几乎意味着一个人从正确的道路上迷失了。接受心理治疗的病人曾对我说过,他们小时候生病时,父母告诉他们:"不要为自己的痛苦感到遗憾。你受苦的每一天,你都在天堂堆起你的荣誉。"这是什么意思?如果一个人在幸福的日子里,天堂堆起来的又是什么呢?

或者他们希望孩子觉得,"别那么激动。幸福不会持续。你长大后就会意识到生活是多么无情"。对这类人来说,体验到自己很幸福，也许就是体验自己实际上与现实步调不一致——因此正处于危险之中。雷什么时候劈下来？

现在假设一个男人和一个女人都有这种倾向，他们相遇并坠入爱河。开始时，由于把注意力集中在对方以及对他们关系的兴奋上，他们不会去想这些，而只是感到幸福。但是在他们的内心，定时炸弹在嘀嗒作响。在他们初遇的那一刻，它就开始嘀嗒作响了。就在他们面对面坐在饭桌边感到快乐和满足时，他们中的一个突然受不了了，开始莫名其妙地吵起来，或者退缩了，不可思议地变得消沉。他们就是不能让幸福在那里，他们不可能不理会它，他们简直无法享受他们找到对方的事实。他们对自己是谁的认识，对自己正确命运的认识，使他们不可能接纳幸福。制造麻烦的冲动油然而生，表面上不知从何而起，实际上是来自反幸福编程所处的灵魂深处。他们对自我的看法，对宇宙的看法，或许会让他们为幸福奋斗，期待幸福——"将来某个时候"，也许明年，或许后年。但不是现在。不是此刻。不是这里。此时此地太恐怖了、太近了、太直接了。

此刻，在他们快乐的时候，幸福不是梦想，而是现实，那是不堪忍受的。他们的感觉是，首先，他们不该得到幸福；其次，幸福不可能持续；最后，如果幸福持续，某种可怕的事就会发生。这是那些极其缺乏自尊，对他们享有幸福的权利极其缺乏信心的人最常见的一种反应。

每当我在"自尊和生活的艺术"或"自尊和浪漫爱情"强化训练班上提出这个问题时,在场大多数人都立刻作出反应,几乎不需要解释,他们很熟悉这种现象,这个事实一再给我留下深刻印象。有些人很防备,有些人极力回避问题,有意思的是多数人都诚实地作出了反应,即使是伤心的反应。这个问题一经提出,他们就很容易注意到,他们是多么频繁地中断自己的幸福,破坏它,在没有麻烦的地方制造麻烦。他们千方百计地逃避在那一刻会得到幸福的事实。但愿他们能接受那一刻,不是与它冲突和抵抗,只要顺从生活的欢乐,顺从彼此的欢乐,顺从浪漫爱情令人狂喜的潜力就好。但是没有,他们喜欢参加学习班,咨询婚姻顾问,接受心理治疗,研究性指南,积累一本本心理学的书,好像这样他们就可以使自己在将来得到幸福,在某个不确定的时候,一个永远不会到来的时候。就像地平线一样,你靠近,它就一直后退。

有时,我会问小组成员:"你们中有多少人体验过早晨醒来时尽管有各种各样的问题、困难和忧虑,但还是感觉很美妙,感到幸福和活着是快乐的?而过一会儿,你就受不了了,你必须做点事。因此你又设法将自己抛回到苦难的状态中。又或者,你跟你真正关心的人在一起,感到非常满足、非常圆满,然后就出现了忧虑或迷失方向的感觉,你感到有一种挑起冲突、制造麻烦的冲动。你不会让路来允许幸福发生,而是感到有必要在你的生活里投入一点戏剧性。"不可避免地，房间里至少有一半人举起手来。

证据是很明确的：对于大多数人来说，幸福忧虑是非常真实的问题，而且是浪漫爱情的强大障碍。幸福忧虑本身是未能获得充分独立和个体化的常见后果。低自尊与不充分的独立和个体化是相辅相成、密切相连的。没有成功的独立和个体化，我就不能充分发现自己的内在资源；就不能发现自己的力量；我就非常轻易地坚信，我的生存取决于维护我与父母之间的关系，代价是牺牲享受余生的权利。那么，我们看看这会把我们带到哪里。

假设一个女人目睹了父母不幸的婚姻。母亲或父亲会在孩子心中留下一个微妙的信息——"将来，你的婚姻不会比我们的婚姻更幸福"。一个没有足够自尊的女人，一个要做乖女孩的女人，她感到有必要不惜一切代价保留母亲或父亲的爱，这样的女人经常会非常顺从，要么会选择一个和他在一起显然不可能幸福的男人做丈夫，要么在一个本来有可能幸福的婚姻里制造婚姻的不幸。许多女人都表达过这样的感受："我无法忍受让母亲看到我和一个男人的关系很幸福。她会感到我背叛了她，她会感到丢脸。我可能会使她感到淹没在自己不足和失败的感觉中。我不能对她做出这样的事。"但是，这些声明中很明显藏着这样的感觉："母亲也许会生我的气。母亲也许会斥责我。我可能会失去母爱。"（Friday，1977）

像母亲或父亲那样不幸，是一种"归属"，而幸福也许意味着要独自站在母亲或父亲的对立面，可能要和全家作对——这种前景可能是很可怕的。问题可能存在于一个女人和她母亲或父亲之间。并且这个问题不限于女人，男人同样会从父母的任意一方得到信息，大意是他们不会有感情上的幸福。对许多人来说，感情上的幸福意味着不再是乖女孩或乖男孩，而是要和家庭分离。这就要求达到一个很多女人或男人都没达到的独立水平。在此我们看到了独立和个体化、缺乏自尊和幸福忧虑论题的相互渗透。

如果我们觉得自己的关系似乎总是很不幸、令人沮丧，不妨问问相关问题:我允许自己幸福吗？我的自我概念允许我幸福吗？我的世界观允许我幸福吗？我童年的规划允许我幸福吗？我的生活状态允许吗？如果答案是否定的，那么想要通过学习沟通技巧，改进性爱技巧，或公平竞争的方法来解决感情问题便是徒劳的。这就是许多婚姻咨询所犯的错误。所有这些教导都基于这样的假定:当事人愿意得到幸福，感到有资格得到幸福。但是，如果他们不这样想呢？

在恋爱关系中，爱情的发展要承认这样的事实，即幸福是我们人类与生俱来的权利。如果我感觉幸福是自然的、正常的，我就会允许自己幸福，对幸福敞开胸怀，跟着幸福走；我不会有破坏和自我毁灭的冲动。一旦对幸福采取接受的态度，浪漫爱情就会发展；一旦对幸福采取畏惧的态度，浪漫爱情往往会消亡。

对于某些个体来说，以独立和自我负责的精神，以简单的行为让自己幸福,也许是他们生活中最勇敢的行为了。他们会怎么做呢?如果幸福引发焦虑,他们该怎么办?减少焦虑的渴望显然是正常的。如果幸福激起焦虑,那么降低或破坏幸福的冲动是完全可以理解的。这是十足的人类反应。

有好的解决方案,但我们必须发现它、学会它,然后,必须实践它。我们感到幸福时,感到由此而来的焦虑和迷失时,我们要学会什么也不做——也就是说,唤醒自己的感情,允许它们存在,观察我们自己的进程,深入我们自己的体验,同时有意识地去见证它,不再受操纵去做出自我毁灭的行为。然后,跨越时空,我们就能够构建对幸福的容忍,增强宠辱不惊地对待欢乐的能力。

慢慢地,以这样的方式,我们会发现一种新的生活方式。我们发现幸福远不是我们以为的那么复杂。我们发现,只要获得机会,欢乐就是我们自然而然的状态。然后,浪漫爱情就会得到发展。

自主

浪漫爱情属于成人。不论在字面上,还是在心理学意义上,都不属于小孩,也不属于那些仍然感觉自己是小孩的人,不论其年龄大小。

让我们牢记自主的意义。自主是一个人自我导向和自我调节的能力。自主和自尊是分不开的，两者都预示着成功的独立和个体化。自主的个人会理解，其他人活着不仅仅是为了满足他们的需求，他们接受这样的事实：不管人们之间有多少爱和关心，每个人最终都要对自己负责。自主的个人不需要向任何人证明他们是乖孩子，正如他们已经不再需要配偶或恋人扮演母亲或父亲的角色。这并不否认他们有时会希望自己的恋人扮演那样的角色——这是很正常的——但它不会成为他们之间关系的本质。他们为浪漫爱情做好了准备，因为他们已经长大成人，因为他们不再感到自己是等待救援的漂浮物，不需要别人认可他们是谁，他们的自我并不总是处在危险之中。最后一个问题很重要，需要详细说明。一个自主的人不会感到自己的自尊不断受到争议或威胁。他的价值不是一个总是受到怀疑的问题。认可的源泉在于自我，而不受与之相遇的他人的摆布。

关系即便在最好的时候，偶尔也会有摩擦、不可避免的伤害，有在彼此的反应中"错过"对方的时候。不自主、不成熟的个体往往就会把这种事件看作是拒绝和没有得到真正的爱的证据。因此，小小的摩擦或沟通失败很容易升级为主要矛盾。

自主的个体则有更强的从容应对的能力，以现实的眼光来看待日常摩擦，不因为鸡毛蒜皮的小事而使感情受伤；或者，即使偶尔感情上受到伤害，也不会将其灾难化。

进一步来说，一个自主的个体尊重其伴侣追随自己命运的需要，有时要独处，有时会心事重重，有时不考虑他们的关系而是考虑其他重要的事，这些事可能和伴侣的工作、个人展现与进步、个人发展的需要没有任何直接关系。因此，自主的个体并不总是需要处在中心，成为被关注的焦点，在伴侣心不在焉的时候也不会大惊小怪。自主的个体不仅把这种自由给了自己，也给了他们所爱的人。

这就是为什么在自主的男女之间，浪漫爱情能发展，在不自主的男女之间，浪漫爱情常常会消亡——生怕失去而紧紧黏着不放会使爱情窒息。

无论自主的男女对他们所爱的人有多么热烈的承诺和奉献，他们仍然认识到空间必须存在，自由必须存在，有时独处必须存在。我们要意识到不管爱得多么强烈，我们都不仅仅是彼此的爱人——在更广泛的意义上，我们还是正在发展的人类。自主的个人已经消化并融合了人类孤独的终极事实。由于他们不否认这个事实，他们在生活中也不会把它看作一种灼痛或悲剧。因此，他们不会不断地通过他们的关系，努力实现这种孤独并不存在的幻想。他们认为，正是孤独给予了浪漫爱情独特的情感浓度。正是他们与孤独的和谐共处使他们有了参与浪漫爱情的独特能力。

当两个自我负责的人发现他们彼此相爱，就能以远远高于一般人的水准来欣赏对方，享受彼此，看到对方是什么样。这正是因为双方不回避这样的事实,即每个人都必须为他自己负责。

然后他们会投入对方的怀抱,他们可以彼此相爱,有时一个人可以扮演孩子的角色,另一个人扮演父母的角色——这没有关系,因为这只是一种游戏,只是片刻的休息。每个人都知道最终的真相,并不害怕它,而是已经与它和解,已经理解了我们人性的本质。

在我们还没有成熟到能接受我们最终是孤独的这一事实时,在我们对孤独仍感到恐惧时,在我们试图否认它时,我们往往会使我们的关系负载过多,以至抑制并窒息它们,这是出于不健康的依赖性。我们不是拥抱,而是紧紧贴着——没有空气和开放空间,爱就不可能呼吸。

这是一个欲进先退的悖论:只有停止与我们是孤独的这一事实作战,我们才会为浪漫爱情做好准备。

现实浪漫主义

也许对成功的浪漫关系最明确的一个要求是,它必须建立在现实主义的基础上。这是一种能力,也是一种意愿,它让我们看到伴侣的真实面目,既看到缺点也看到美德,而不是在幻想的基础上恋爱。

首先谈一个反面案例。如果我不把伴侣当作现实世界里一个真实的人去看待、去爱,而是精心制造一个关于对方的幻想,把这个人仅仅当作我的想象力和愿望的一个跳板,那么,我迟早要讨厌这个真实的人,因为对方没有实践我的幻想。如果我假装对方没有缺点,如果我在了解对方时拒绝了解那些缺点,之后我不仅可能会感到受伤、愤怒和被背叛,而且还会自认为是受害者:"你怎么能对我做出这种事?"

当然,正如我们已经看到的,真实的情况是,在更深层次上我们往往知道自己选择了谁,然而在我们想要否认和摒弃这种认知时,又很容易否认自己知道。如果我们的生活脚本决定了我们是一个遭人背叛的受害者,的确会造成这种自欺的感觉。

许多男女爱上的似乎是一个幻想,而不是他们所宣称的那个实际的人。原因之一是他们有许多不想承认的需求、渴望、创伤,这些是他们有意不去意识到的,却在潜意识里寻求满足、解决和愈合。一个未认识到自己最深层需求的人,会根据表面肤浅的特征对另一个人作出反应,其中某些特征会误导他相信在当前的关系中这些需求可以得到满足。例如,一个在少年时代不受女孩欢迎的敏感、聪明的男人——也许他太认真或太害羞——可能在二十多岁时遇见一位美丽的年轻女子,这个女子正是他在青春期从未能得到的那种类型和风度的女子。他被迷住了,并且下意识地怀有一种希望和期待,如果他能赢得她,就会在某种程度上治愈他青春期所有的创伤和寂寞,抹掉过去受到的所有拒绝;就会实现那些痛苦、孤独的岁月里所有未实现的梦想。当然,这一切都没有用语言描述出来,都没有概念化——但这些就是他心中所想。尤其是在他还有欺骗自己的动机的情况下,他更容易忽视这样一个事实,他和这个女人没有任何共同点,既没有共同的价值观,也没有共同的兴趣爱好和生活感觉,以及对重要事情的共同看法;并且,如果他莫名其妙地赢得她,过不了多久她就会使他感到厌烦。如果她真的对他作出反应,如果他们建立了关系,在开始时他也许很有激情,感情十分强烈;但是,至于这样的"爱情"会消亡,就不用问为什么了。

另一方面,如果我们选择现实地看待对方、不自欺,如果从一开始就是真实的,那么爱情就能得到最好的发展机会。我们知道选择了谁,并且当对方按其性格行事时,不会感到震惊。一名非常幸福的已婚女人曾对我说:"在我遇见我的结婚对象一小时后,我就可以说出在哪些方面很难和他生活在一起。我认为他是我所认识的最令人激动的男人,但也是一个只顾自己的人,对于这个事实,我从不哄骗自己。通常他像一个心不在焉的教授。他在自己的私人世界里花了大量时间。我得进去了解,否则我以后会非常不高兴。他就是这样的人,而且从不伪装自己。我无法理解那些公开宣称受伤害或对他们配偶的最终表现感到震惊的人。很显然,只要你注意,你就知道人是什么样的。我一生中从未比我现在这段婚姻更幸福。但这不是因为我告诉自己我丈夫是完美的或没有缺点的。"她补充说:"你知道,我认为这就是为什么我会如此欣赏他的优点和美德。我愿意看到一切。"

这是现实浪漫主义,不是童话浪漫主义。当激情和观察融合时,爱情之花就能盛开。

相互自我披露:共享生活的意义

爱情关系成熟的一个特征,是彼此间有相对较高程度的自我披露——愿意让我们的伴侣进入我们私人世界的内部,并对伴侣的私人世界产生真正的兴趣。一对情侣往往最能对彼此展示更多的自我。这意味着他们已经创造了一种信任和接纳的气氛,但不止于此。它首先意味着每个人都愿意了解和面对自己。这是自愿相互披露自我的必要先决条件。

在此,我们面临着维持浪漫爱情的最大障碍之一:人类普遍存在的自我疏远问题。自我疏远往往使自我披露极为困难,甚至是不可能的。

这个问题并不新鲜,但也许在历史上从未像现在这样有这么多人遭受认不清自己的痛苦,他们与自己失去了联系,经常不知道自己有什么感觉,对促使或激励他们行动的事麻木不仁。对于浪漫爱情来说,其结果是灾难性的。

这种自我疏远的根源，或者说这种无意识源自几个因素。先从最简单和明显的讲起：许多父母教孩子压抑自己的情感。他们教孩子对发生的事情迟钝一些才是对的，是被爱的代价，他们觉得这样做才能被接受，也是成熟的表现。一个小男孩跌伤了，他父亲严厉地对他说："男人不哭。"一个小女孩对她的兄弟表现愤怒，或对一个年长的亲戚表示反感，她母亲对她说："这种感觉是很可怕的。你不会是真的这么感觉吧。"一个孩子满心欢喜和兴奋地冲进家门，父母却生气地说："你有没有毛病呀？为什么这么吵？"

孩子也跟着学会压抑他们的情感。情感疏远和拘谨的父母往往会培养出情感疏远和拘谨的孩子，这不仅通过他们公开的沟通，而且通过他们自己的行为，向孩子宣告什么是"适当的""合适的""社交上可接受的"。

接受某种宗教教导的父母，很可能传给他们的孩子一种灾难性的观念，即世上有诸如邪恶的想法或情感这样的东西。孩子因此就会对他们的内心生活充满恐惧或感到恐怖。

因此，孩子可能被引导得出这样的结论，即他的感情可能是危险的，一些感情是不可取的，必须得到控制。这种控制实际上意味着孩子学会了否认自己的感情，停止去体验这些感情。不用说，这个过程并不是有意识地精心计划的，很大程度上它是下意识的行为。但是自我疏远的过程已经开始了。在否认自己的感情，否定自己的判断和评估，否定自己的经验时，孩子已经学会了否认自我和人格的一部分。

孩子是在一种自然状态下与他的有机体相连的。而冲突却被人为地设置了，孩子得到的教导是，某些感受或情感是不能接受的。但孩子还是感受到了。于是他们找到一种解决办法：不去觉察。

孩子用同样的策略抵御任何危险的或令人沮丧的感觉：痛苦、恐惧、愤怒等。被封闭的不仅仅是负面情绪。如果孩子感到内心的平静、安全感或自尊受到威胁时，那么喜悦、兴奋、性欲也同样会成为情感抑制的目标。

这个问题起源于童年，已经融入了人格，融入了个人的存在方式和应对生活的方式，以致当他成人的时候，自我疏远的状态就会是"正常"的。然而，感情只是被否认和被抑制，感情还是存在的。在另一个层次上，它继续在我们心中产生影响，只不过它没有融入生活。因此，到了因自我否认感到痛苦时，我们就会长年处在与自己不调和的状态中。

可是在爱情中，我们希望被看到并与之共享的，正是我们的自我。在我的"自尊和生活的艺术"强化班里，一项核心任务就是重新发现并找回各种自我被否认的部分，从而提升自尊，增强爱的能力。实际上，经常会发生这样的情况，当自我被淹没的部分开始被意识到时，每个人都会有抵抗和挣扎、焦虑和迷惘。

"别人会有什么反应？如果他们知道我生气了，还会爱我吗？如果他们知道我不是那么无助，还会关心我吗？如果我允许我的智慧充分发展并被人看见，人们会不会抛弃我、不理我？如果我承认真实的我和真实的感受，并且明确我能做什么，我还能继续忍受我的工作或我的婚姻吗？"

问题的关键并不是我们必须采取行动或必须表达我们感觉到的一切，即使是在最亲密的关系中也不能这样。显然，在行为问题上，总是需要判断和辨别。有时，传达我们的感情是合适的，有时则不是。有时，分享我们的想法和感受是合适的，有时则不是。接下来我们谈沟通过程时，将对此作更多说明。这里需要承认的是，主要问题不在我们和其他人之间，而在我们和自己之间。

如果我们能自由真诚地了解自己的感受并去体验它（不仅仅是口头承认），那么我们就可以决定与谁，以及在什么情况下去分享我们的内心生活才是恰当的。但是，如果我们自己都不知道，如果我们被禁止去了解，如果我们害怕知道，如果我们自己从未接触过我们是谁，如果我们自我疏远；那么，我们的感情就会有缺陷，不适合拥有真正的亲密关系，这也意味着我们残缺不全，失去了发展浪漫爱情的能力。

爱情的欢乐和对爱情的哺育，在很大程度上与展示和分享我们是谁有关。自我披露提高了可见性体验，能够支持、确认并促进关系的发展。相互自我披露为我们的浪漫爱情敞开了大门，从中可以找到许多最珍贵的东西。

我们不能要求恋人对我们的一切感受、想法、幻想或渴望都拍手叫好。我们仅仅需要在尊重和接纳的气氛中表达自己，而不用害怕受到道德谴责或攻击。我们也一定要为恋人营造同样的气氛。但是要给对方我们自己还未学会的东西，是非常困难的。如果我们已经学会训斥和责备自己的"不恰当的"感觉、情感和反应，我们几乎肯定会以同样的方式对待别人。我们会训斥和责备我们的伴侣，会训斥和责备我们的孩子。我们会鼓励所爱的人做出同样的自我否认、自我疏远。这是我们扼杀爱情和激情的一种方式。

因此我们必须问自己：我是否创造了这样的氛围，使我的伴侣能自由地和我分享感觉、情绪、想法、幻想，而不用害怕我会谴责、攻击、训斥或者干脆退出离开？并且还要问问，对方是否也为我创造了这样的氛围？

如果我们无法对这些问题作出肯定的回答，我们就不必问为什么我们的关系会失败。如果我们能肯定地回答这些问题，我们就非常了解为什么浪漫爱情会成功。当一个男人和一个女人感到能自由地分享各自的幻想，表达各自的愿望，承认各自的感受，交流各自的想法，彼此都对对方的兴趣和参与有信心时，他们就掌握了圆满的浪漫爱情的最根本要素。

情感沟通

有效的沟通可以使浪漫爱情关系得以建立,反之,无效的沟通会导致爱情关系的破裂。相互自我披露的本质是沟通。对浪漫爱情来说,沟通的一个最重要的要素是感受和情感的沟通。

痛苦

有时我们感到受伤害——我们处在痛苦中。我们渴望向所爱的人表达自己的状态。我们需要谈一谈,需要表达我们内心所发生的事。我们想从伴侣那里得到倾听我们诉说的兴趣、欲望和意愿。我们需要对方认真对待、尊重我们的情感。我们不希望对方对我们说,"你不应该有这种感觉"或者"这样想是很愚蠢的"。我们不希望被教训。很多时候通过表达自己的痛苦这种简单行为,痛苦就可以被治愈,或者找到解决办法。别的什么都不需要。我们希望我们的伴侣理解这一点,而伴侣也需要从我们这里得到同样的理解。当彼此可以这样相互理解时,爱情的纽带就会得到加强。

但是,有时一方很难给予另一方自己想要的东西,因为另一方不允许自己自由地体验和接受自己的痛苦;那么,一个人如何才能给予另一个人无法给予自己的东西呢?

事实上,通过谈论痛苦,试图表达痛苦,男人或女人可能激活伴侣身上被视而不见的痛苦，这种痛苦往往最先以焦虑的形式出现。出于逃避焦虑的愿望，这个人会打断说话的人，他并不是故意要表现得残酷，而是并不真正了解发生了什么。但是沟通失败了，对方可能会觉得自己被抛弃了。

有时我们能献给所爱之人的最伟大礼物就是倾听，就是陪在对方身边，让对方随时能与你交谈，不必说漂亮话，不必寻找解决办法，或者鼓励对方振作起来。但是，要能够这样对待对方，我们一定得先如此对待自己。如果我们对自己很苛刻并进行道德评判，我们也不可能善待伴侣。自我接纳是接纳他人的基础，接纳自己的感受是接纳他人感受的基础。

这是一门可以实践的艺术，而且是能学会的艺术，是以理解我们讨论的原则为基础的艺术。但是，假如是我们自己在某种程度上造成了伴侣经受的痛苦呢？什么都没改变，原理是相同的。合适的反应就是倾听，让我们的伴侣获得有人倾听的体验，表示我们的关心；如果我们做错了事，就真诚地承认错误，并采取恰当的纠正行动。但是，首先要倾听，要接受——不必同意，要接受伴侣的感受，不管是什么样的感受；无论如何，不要变成严厉的父母。

恐惧

有时我们会感到恐惧，我们的伴侣也会感到恐惧。能够表达这种恐惧，谈论这种恐惧是有益的，但这往往很难做到。我们大多数人受到的教育是，恐惧是一种应该隐藏和掩饰的情感。我们把恐惧和蒙羞、丢脸联系在一起，把坚强与说谎、与假装我们没有感觉到我们所感觉的东西联系在一起。

如果我们能诚实和庄严地表达我们的恐惧，或者以尊重和接受的态度倾听伴侣的恐惧，美好的事情就会发生。两个人就能靠得更近。通过接受、表达和释放，恐惧本身就会消失。至少，我们可以鼓起勇气抵抗恐惧——例如，接受医疗上必要的手术，或者承担我们事业中的某项艰巨任务，或者仅仅是坦诚直面某些困难的真相。但在这里，我们又要面对自我接纳的问题：我们对伴侣的恐惧作出的反应，与我们对自己的恐惧作出的反应相比能好多少？我们能允许伴侣感受到我们自身无法感受到的东西吗？慈爱总是从家里开始——是从对自身慈爱开始的。

如果沟通要成功，如果爱情要成功，如果关系要成功，我们就必须放弃一个荒谬的想法，即通过说谎伪造我们的感受，以及通过有意或无意的省略来歪曲篡改我们的现实经历或存在真相，假装这是英勇或坚强的。我们必须学会，如果英雄主义和力量有任何意义，那就是愿意面对现实，面对真相，尊重事实，接受事实。

一个正接受心理治疗的女人，坐在她丈夫旁边，对我说："他认为谈论痛苦或恐惧是软弱的标志。但愿他能明白，那是力量的标志。"

愤怒

有时我们生情侣的气，或者情侣生我们的气，这完全正常，是生活的一部分——这并不意味着爱情消失了。

坦白地表示愤怒，真诚地表达感情，描述我们所观察到的或我们认为已经发生的事——并且描述我们对它的感觉，可以清除疑虑，开启有效沟通的大门。

这完全不同于攻击伴侣的性格，对伴侣的动机作心理分析："你总是不负责任！""你这么做只想伤害我！""你就像我的前夫（妻）！"这些表达意不在沟通，而是要造成痛苦，并且，一般来说，都会达到目的。这些表达达到了造成痛苦的目的，而且也达到了激发还击的目的，但是没有达到有益沟通或解决冲突的目的。

表达愤怒是一门艺术，一门情侣必须学习的艺术。这门艺术不包括否认或不承认愤怒，不包括在内心焦虑时还要微笑。艺术在于诚实。对什么诚实？对自己的感情诚实。（Ginott, 1972）

如果我们希望保持恋爱关系，我们就要给予伴侣表达愤怒的自由。我们欠伴侣的是倾听，不是打断，不是反击，而是倾听。在对方说完一切，并对自己所说的感到满意之后，只有在这时作出反应才是合适的。然后，如果我们认为伴侣曲解了事实，我们可以指出来。如果明显是我们的错，解决的办法就是承认错误。

诚实地表达愤怒不会破坏关系。但是，愤怒没有表达出来，任何时候都会造成关系的终结。抑制愤怒会扼杀爱情，扼杀性欲，扼杀激情。

为了抑制愤怒，我们经常避开那个激起愤怒的人。我们通过让自己麻木来解决愤怒问题。关系就是被这种解决方案葬送了。

如果伴侣生我们的气并且告诉我们，这是符合我们自身利益的。如果伴侣从不抱怨伤害或激怒他的事情，这并不符合我们的自身利益。想要分享我们的痛苦、恐惧和愤怒的意愿，有助于浪漫爱情的发展。不愿分享就会破坏爱情的发展。

所以我们必须问自己：在何种程度上我创造了使对方感到和我分享这样的感觉是很自在的环境？在何种程度上我感到和对方分享这种感觉是很自在的？

爱情、喜悦、兴奋

沟通是关系的命脉，当然，这不仅包括我们刚刚讨论过的不愉快感情的沟通，而且也包括爱的沟通、喜悦的沟通、兴奋的沟通；不仅包括情感的沟通，也包括感受、想法、幻想的沟通——换句话说，包括我们的精神和情感世界的全方位沟通。

分享生活远不只意味着生活在同一个屋檐下或与某人做伴，还意味着分享我们的内心过程、我们的内在体验和所有属于自我的东西。这种看法似乎是不言自明的。可是，在与人们共事时，我不得不承认这是我们生活中最不被认同的一个事实。

表达爱意、欣赏和欲望对于维持热恋关系至关重要。可是我们经常看到人们害怕表达这些感受，害怕显示他们是多么关心，感受有多深，因此，他们捏造了一些明显很荒谬的解释来说明他们缺乏这样的沟通。"我和你结婚了，不是吗？还需要什么呢？难道结婚还不能说明我爱你吗？"

或许更奇怪的是，人们经常害怕别人对他表示爱、欣赏或欲望。通常这个人会感到不自在。或许他觉得自己不值得人家这样做。或许他觉得自己有义务做出说明或者做些聪明有启发性的事情，而实际上这时需要做的只是在场、倾听和接受。

但是，如果在亲热的时候体验到这种恐惧，我们应该做什么？解决办法一如既往，就是接纳我们的感受，坦诚地承认恐惧，去体验和表达它，这样就有可能超越恐惧，而不是永远被它禁锢。

我们要问自己：我可以接受伴侣表达的爱、喜悦或兴奋吗？我是否允许我的伴侣去感受、去体验、去传递这种情感状态，无论我能否充分分享它们？或者，我是否让我的伴侣感到失望，就像别人曾经让我失望一样？或许，我学会了让自己失望？

难怪那些无法处理情感的人——不论是幸福的情感还是不幸的情感——抱怨"激情不可避免地消失了"。或许，对他们来说奇迹不在于激情消失了，而是激情曾经存在过，哪怕只是片刻。激情还能存在并且确实存在,是对我们内在生命力的赞颂,它突破了我们的自我抑制和自我疏远,无论多么短暂,都指明了通往心醉神迷的可能性道路。我们的任务就是学会不要背叛这种可能性。

在本章的后半部分,我们将进一步探讨关于我们自己和他人对兴奋的恐惧。接下来,我们先谈谈如何沟通我们的需求。

需求

如果我害怕知道自己想要什么或者害怕将它明确地表达出来,那么,我可能会经常责备我的伴侣,而不是承认恐惧。我的伴侣未能帮助我了解我想要的东西,对于这个事实我感到受伤和愤慨,更不用说就此进行沟通了。

我们往往害怕知道自己想要什么,更害怕向伴侣表达我们想要什么。我们害怕伴侣不在乎、没有回应。我们害怕让自己受到对方的控制,让伴侣看到我们赤裸裸的感觉和欲望,从而赋予对方过大的权力。我们害怕自我主张,害怕向爱情投降。我们害怕自我表达,以致不会去沟通,而是沉默、受伤、愤慨和沉浸于自己制造的孤独。当我们意识到,一个孩子被教导自己的要求很重要是多么罕见时,就很容易理解为什么上述情形十分常见了。即使是一个被爱的孩子,也很难得体验到别人认真对待他或她的感情。

如果我们希望成功获得浪漫爱情，就需要知道这些问题：我是否知道我想要什么？我是否愿意表达我想要什么？我是否接受这样的事实，即另一个人可能不会总是给我我想要的东西——或者不会选择我想要的东西？我能容许这样吗？

有时人们认为，不要问伴侣想要什么是有道理的。他们会问："假如我问了没有回应呢？"答案是：再问。如果仍无回应呢？再问。如果仍无回应呢？那就沟通我们没有得到回应的感受，邀请伴侣分享自己的感受和反应。如果伴侣拒绝，甚至连了解都不想呢？那么，我们就必须面对可能让人感到痛苦的事实：我们的伴侣似乎对我们的欲望不感兴趣，甚至不想就这个问题进行沟通。如果这是事实，我们就必须坦诚面对：是否能找到一种解决办法；如果没有，我们是否愿意独自接受并忍受这个问题。无论如何，害怕发现真相不会有好处。

操纵

通常，当我们无法自由地直接表达需求时，我们会想办法通过操纵行为使这些需求间接得到满足，这样做不论能否在短期内获得成功，都会使伴侣感到疏远和反感，彼此间产生距离感而不是亲近感。

这里要谈的是一个沟通的根本障碍：以操纵代替诚实地表达想法、感觉和欲望。如果我们如此缺乏安全感，以致不相信诚实表达会使我们如愿以偿，如果我们感到只有操纵才能奏效，我们将不可避免地破坏我们的爱情关系，并且将不可避免地破坏我们所有重要的人际关系。

当然，需要强调的是，没人能够一直给我们想要的东西，没人会一直顺应我们的欲望，在我们希望的时刻回应我们。没有一个人的存在是为了满足我们的欲望。如果我们企图通过装同情或装自责操纵伴侣这样做，不论我们的伴侣是否服从，我们最终能做到的只能是激起怨恨。

因此，诚实的沟通与我们是否有意愿和勇气做自己，展示自己是谁，承认自己的想法、感觉和欲望，放弃自我掩饰这一生存策略，有很大关系。但是，我们不会放弃我们不愿意承认的错误。因此，我们需要的是一个向诚实的飞跃。正如小孩不会有浪漫爱情，骗子或懦夫也不可能有浪漫爱情。

诚实和勇气有助于浪漫爱情的发展，不诚实和怯懦不可避免地会破坏浪漫爱情。

前面所讨论的问题，没有一个暗示我们要不假思索地说出每一个闪念、强烈的欲望、一时兴起的冲动和幻想。这种策略既不可能也不可取。这里我关注的是以一种非常普遍的方式，为浪漫爱情的行为和破坏浪漫爱情的行为建立沟通。把这些原则应用到实践中时，总是需要敏锐、智慧和对具体环境与情境的了解，而不是机械地遵循某些原则。

例如，如果我们看到伴侣在个人的某些重大问题上和自己抗争，此时，我们不发表自己的想法或感觉也许是明智的；我们也许可以等到以后，或者选择单独处理它们。再者，缺乏仁爱和尊重的沟通很少有效，特别是在浪漫爱情的环境中；简单、直接、亲切地表达需求，和带着尖锐、强烈的敌意或怨恨的表达是不同的。并且，有时候我们会很清楚地看到伴侣不能满足我们的需求，而在此情况下一味地进行责备与列举过失，并不能达成良好的目的。这就是说，一个基本的真理依然存在：如果我们希望了解为什么有的情侣的爱情会发展而有的却会结束，看看男女双方是如何沟通和相处的，会对我们有所启发。在这里，我们看到的是构成答案的一个关键要素。

使可见性具体化

很显然，浪漫爱情使人渴望看见和被看见、欣赏和被欣赏、了解和被了解、探索和被探索，给予可见性和接受可见性。如第二章所述，这不是浪漫爱情偶然的特点，而是其核心和本质。

如果我们与已经幸福地恋爱了一段时间的人谈话，我们会经常听到以下陈述："他（她）让我感觉被欣赏。""他（她）使我觉得我得到了一生中最好的理解。""他让我觉得自己是个女人。""她让我觉得自己被看见了。"

如果我们观察两个相爱的人，观察他们的眼睛，我们就会注意到，看见对于热恋是多么重要。看见的能力和传达自己所见的能力——即让伴侣感觉被看见的能力——对于恋爱关系的长久至关重要。

如果我们观察一对彼此感到厌烦的情侣，我们会注意到他们很少看对方，或者很少积极主动地看；他们的眼神黯淡无光，空虚茫然，好像心中有什么东西关闭了。

对那些不怕去爱，不怕被拒绝的男女来说，恋爱的一大乐趣就是让伴侣感到对自己更可看见，更有自我意识，更能自我欣赏。其中一大乐趣就是引导伴侣进行越来越深入的自我发现。这种态度源于你对伴侣的真正着迷，你想要看到和了解这个人，而且认识到这是一个无穷的过程。与"爱情是盲目的"这种陈词滥调相反，爱情有看得最清楚、最深刻的力量，因为动机在那里，激励在那里。对那些我们不爱的人，我们通常不会仔细地看或长久地看。

有时我会听到一个人说："我完全了解我的伴侣。没什么新鲜东西可看的。怎么可能有？我们已经在一起十年了！"如此讲话的人展露的完全是另一回事，不是关于伴侣，而是关于自我：一种精神上的被动态度，通常也显露在生活中的其他方面。没什么需要了解的了，从来就不是真实情况。总是还有更多可了解的，因为人是在不断地展现自己的。进一步说，我们想看到伴侣的欲望和我们以新眼光看待伴侣的能力促进了对方内心的成长和发展。

我想到了那些成功使爱情维持很长时间的伴侣。他们经常会问对方："你怎么想？你感觉怎样？"他们饶有兴趣地看着对方，他们兴奋地向前倾身，他们的眼里闪耀着觉知的光芒。他们喜欢交流他们对彼此的所见所感。

他们关系中的兴奋反映出每一个人作为个人心中存在的兴奋。我们需要更好地理解这种兴奋，因为它与维持浪漫爱情尤其是可见性息息相关。

可见性和兴奋

许多人都是在按惯性生活，他们对过去的想法、过去的感受和过去学到的知识有依赖，因此生活很早就失去了新鲜感。热情迅速消失。激情也很快就没了。他们几乎把自己变成了机器，并且，作为机器，他们会很权威地议论这样的话题，激情是短命的，浪漫爱情不可避免地会结束，所有的热情都不可避免地会衰退。他们误以为他们在谈论现实，实际上他们在谈论自己。

我们经常会看到有创造力的人展现出一种天真、浪漫的品质，他们以求新的态度和自发性来感知和回应生活。创造力的本质是保持每天重新看待生活的能力，因而能够感知意想不到的事，能跃入未知世界，能对新鲜事物敞开胸怀。

这恰恰是维持激情，也是继续向所爱之人传达可见性所必需的态度。

不难发现，对大多数人来说，在他们三十多岁时（或更早）浪漫爱情就结束了，他们所有的热情和激情都消退了。那么我们为什么要挑出浪漫爱情来说呢？这并不是说他们一直保持着其他方面的激情，只有浪漫爱情燃烧殆尽了，而是他们自己熄灭了。

问题不是浪漫爱情是否一定会消失，问题是，是否所有的激情一定会消失？

无论我们如何回答，我们都是在为自己回答。已经变成机器的人会坚持认为，变成机器也是人性使然。但是，那些没有变成机器的人，那些每天都能重新感受世界的人，那些对于意识和意识活动感到喜悦的人，听到这种绝望的话，只会感到难以置信。他们的体验是不同的。当然，他们是少数。但是，他们存在。而且他们的存在就是对那些自称专家的人关于浪漫爱情的无稽之谈活生生的驳斥，这些所谓的专家早就失去了体验浪漫爱情的能力，即使他们曾经拥有过。

以上所述并不是要反驳浪漫爱情往往要经过好几个阶段的事实，在某些方面，恋爱关系的第十年显然会与第一年所体验到的不同。但是，我不得不提到，就在我写这个部分时，一对夫妇来找我咨询。在咨询过程中，即使他们在表达不同意见，他们也还是手牵着手。她 62 岁，他 65 岁。

兴奋是我们体验到流动在体内的能量，是用来作出反应的能量。兴奋的敌人，因而也是体验和表达对伴侣持续欣赏能力的敌人，它导致了情感抑制、自我否认、自我疏远。人们学会反抗自己，转移注意力以避免受到伤害或赢得认可与地位；然后他们抱怨空虚无聊和激情的丧失。

有时他们认定浪漫爱情"太狭隘自私"，个人激情和兴奋在"社交上不重要"，甚至是"反社会的"，于是他们试图寻找一种新的活力来源，加入某个"伟大的事业"，接受一种学说、一种思想，参加一个运动，做一些"比他们自己更重要"的事，一些能替换自我和个人特性的事。他们没法爱一个人，但他们爱"全人类"（Hoffer，1951）。

我们通过与我们内心世界的一切——我们的感觉、情感、思想、渴望、幻想与判断——保持联系，从而保持心理上的活力。并且我们通过分享这个内心世界，通过坦露它、表达它，使它成为我们活生生的现实的一部分，维持着我们的关系。作为一个基本元素，这包括对我们在伴侣身上看到的东西、伴侣给我们的影响、伴侣激发我们的感情和思想保持敏感，所有这些都属于心理可见性。

由于沉默，两人之间缺乏能量流动和可见性体验的交流，关系就会终结。这就是我们受伤或愤怒时一定要表达自己感受的原因。如果我们不去这么做，一段时间以后，我们埋葬的不仅仅是伤害和愤怒，爱情和欣赏往往也会随之淹没。我们会变得沉默、孤僻和疏远。在压制消极情绪时，也否认了积极情绪，筑起一道冷漠的防护墙。我们的伴侣不再是欢乐的源泉，而是痛苦的来源，我们用麻木来保护自己不受这种痛苦。我们封闭自己，并拒绝给予伴侣被看见和欣赏的乐趣。但是，接下来我们的关系向何处发展呢？它走进死胡同了。

我们都知道，对于被爱的任何体验都不如我们感到自己是伴侣欢乐源泉时那样强烈。对我们"美德"的冷静分析，或者笼统空泛、毫无具体意义和情感投入的恭维，对我们几乎没有什么价值可言。但是，当我们进入房间时，伴侣脸上露出的愉悦微笑、钦佩的眼光、性欲或兴奋的表达、对我们所思所感的兴趣，即使在我们还没解释时就认可我们的所思所感，与我们接触或仅仅是凝视着我们时所传达的快乐……正是通过这些方式创造了可见性和被爱的体验，并使之成真。这些也是我们为伴侣创造这种体验的方式。

对兴奋的恐惧

有什么比让情侣看到他们能激起我们的兴奋更鼓舞人的吗？不幸的是，我们很多人受到的教育是要隐藏这样的兴奋，压制并淹没它，熄灭它以表示自己成熟了——所以我们害怕让伴侣看到从我们身上流露出多少感情和爱，我们的伴侣能激发出多少乐趣。

或者，我们想要传达它，我们的伴侣却退缩了，把我们拒之门外；对方若传递出这样的信息，最好就不要沟通了，因为我们的兴奋使对方感到焦虑，即便这种兴奋是对方点燃的。对兴奋的恐惧扼杀了浪漫爱情。

在我的强化班里，我让一个小组做一个简单的练习。我请学生闭上眼睛想象自己是一个单独玩耍的小孩，感到幸福、快乐且精力充沛；接着，想象母亲进入这个场景，然后是父亲进入这个场景，注意自己的身体这时发生了什么变化，注意自己的呼吸、感觉和情感发生了什么变化。

大多数人报告说，他们感到神经紧张、完全封闭，放弃了他们的兴奋；母亲和父亲是他们兴奋的敌人。他们开始意识到，他们已经学会了理所当然地压制兴奋，几乎把兴奋当作一个不可分享、不可暴露的可耻秘密。

我有时会对这个小组成员说："绝不要和对你的兴奋表示不友好的人结婚。"如果我们的伴侣对兴奋感到不自在，最后他会对爱情感到不自在，甚至对我们对他的爱也感到不自在。如果我们不认为伴侣是我们兴奋的朋友，那么，不管他如何公开宣称有多爱我们，我们都无法感觉被彻底看见，我们无法感觉被全心全意地爱，被全然接纳，甚至不知道我们对伴侣的爱是否被完全接受了。正如我一再强调的,伴侣对待我们的方式正是他对待自己的方式,正如我们对待伴侣的方式正是我们对待自己的方式一样。如果我们不能由衷地接受和表达兴奋,我们怎么可能在别人的兴奋中找到它呢?

我对帕特里夏的一个最幸福的记忆是,我出差回来看到她来机场接我时的脸色,一副渴望、期待和陶醉的表情,好像美妙的事情正在发生。这是很特别的脸色,它比语言更有说服力。看见这种脸色时,我不可能不感到被重视,不可能不感到被爱。她并不害怕体验或表达她的兴奋。那是她最伟大的礼物。在写这本书时,我依然感到那种能量与我的能量融为了一体。

插曲:亲密关系实验

我们一直在谈相互表白和沟通的艺术,这两点对于创造浪漫爱情所要求的男女之间亲密关系的质量是至关重要的。亲密关系是在最深、最私密的层次上分享自我——用马斯特斯和约翰逊夫妇[1]的话说(1970)是"弱点交流"。在这里,我想暂停一下,向大家报告我称之为"亲密关系实验"的一些情况。在给情侣们治

---

1 马斯特斯和约翰逊夫妇 [William Masters (1915—2001) and Virginia Johnson (1925—2013)] 是美国两位研究人类性行为的著名学者,著有《人类性反应》。

疗时，有时我会建议他们做这个实验。

有时，一对男女已经彼此疏远，他们的关系看上去已经毫无生气、机械呆板，在给他们治疗时，我给他们布置了一些"家庭作业"。我请他们在一起度过一天，没有别人、没有书、没有电视、没有电话。如果他们有孩子，可以安排别人照料他们。不许有任何分心。他们必须保证一起待在同一房间里12小时。他们还要同意，不管对方说什么，另一方都不会离开房间、拒绝谈话。当然，在任何情况下都不能有任何人身侵犯。如果他们喜欢，可以坐在那里几小时保持绝对沉默，但他们必须待在一起。

通常在最初的一两个小时里，他们会有一点僵硬或难为情；可能会开点玩笑，也可能有点怒火。但是几乎总是过了一会儿，沟通就开始了。也许一方谈到激怒过自己的事。也许他们会发生争吵。但是，再过一两个小时，情况就会开始逆转；他们越来越亲近，产生了新的亲热。常常，他们做爱了。之后，他们通常都很快乐。虽然可能才下午三点钟，他们中的一个由于紧张，通常会提议：既然实验已经"起作用"了，所以现在应该去看电影或开车兜风或拜访朋友或去做点什么。但是，如果他们信守原来的承诺，这当然是我敦促他们做的，他们很快就会进入比之前更深层次的接触和亲热，并且沟通的范围也开始扩展。通常他们会分享他们以前从未谈过的感受——谈到他们以前从未表露过的梦想和渴望。他们会发现自己和伴侣身上从未认识到的东西。在这12小时里，他们可以自由地谈论任何事情，只要是个人的事，而不是谈论生意、孩子作业和家务细节，等等。他们必须谈论他们自己、对方或这段关系。在没有其他刺激源的情景下，他们只有自己和对方，然后他们开始了解亲密关系的意义。他们的感受、情感投入和对生命力的体验总会得以加深。

这一天多半会愉快地结束。但有时在结束时，他们也可能意识到彼此不再需要这段关系、不想继续在一起了。这不是实验的失败，而是成功。之所以成功是因为它结束了一段空虚的婚姻和浪费两个人生命的悲剧。

我第一次向一对情侣提出做这个实验时，通常会得到这两种反应之一：期待的兴奋或者忧虑。两者的信息量都很大。如果一想到要在"只有我的伴侣"在场的情况下度过12个小时就充满忧虑，这是一个值得重视的事实。我发现对于彼此相爱的两个人，如果不知道如何维系感情，或者似乎不知道如何有效沟通，这种每月至少一次12小时的会面，可能会使感情质量发生根本变化。变化之一就是，他们意想不到地发现了以前做梦都想不到的沟通技巧。

如果一个人总是很忙碌，这个人就几乎没有或根本没有审视自我的机会。我们需要静止的时间来进入自己，体验我们是谁，使我们恢复元气。对于处在恋爱关系中的两个人来说，道理也是一样。关系需要时间，需要休闲。

一对夫妇也许会从网球场跑到桥牌桌，再到俱乐部周六晚上的舞会上，并且坚持认为他们是在真正地分享生活，却没有注意到他们没有花时间相见。他们是在一起，但他们从未见面。

人们普遍认为创造需要安逸悠闲，来不得仓促，要有时间让思想和想象力漂浮、游荡与徘徊，要有时间让个人走到自己心灵深处，要有时间随时聆听沙沙作响以寻求关注但又几乎听不到的信号。也许在过去很长一段时间里似乎什么都没发生，但如果想让思想跳出习惯的常规，脱离呆板的、已知的、熟悉的、规范的范畴，产生飞跃进入新领域，我们就必须创造这种空间。

当一对夫妇为他们自己创造没有任何日常活动干扰的时空时，有些非常相似的事发生了。他们可以坐在一起，有时不说话，有时自言自语，由想法和幻想带领他们，慢慢地逐渐深入到探索他们是谁、他们的感受、他们对彼此的意义的境界。在这种情况的边缘徘徊时，可能有乏味的风险；也许今天什么都不会发生，也许他们就只是坐着，无穷的时间在他们面前延伸。这种风险是必要的，对创作者来说也是如此。如果一个人出于害怕乏味或没事可做而把每时每刻都排上琐事，那么他就注定要过一种肤浅、呆板、已知和熟悉的生活——因为新的事物处于未知深处，要进入深处，就需要完全空闲的时间。

当然，还存在另一种风险：发现了对方的什么事，或者发现了自己害怕知道的事情。有些关系能幸存，是因为夫妇双方同意不谈论并且绝不讨论某些事；对于这样的夫妇，亲密关系和单独共处是一种威胁。在所有不愉快的关系中，如果夫妇双方都选择继续在一起生活，对此会有一个不言而喻的协定，就是不能讨论，不能提及，不能面对或不能承认——诸如双方对性生活质量的感受，或者一方在单独出去旅行时做了什么，或者关于一方对另一方的某些习惯的感受，等等。这种关系的特点是情感冷淡。处在这种关系中的夫妇参加我提议的"亲密关系实验"时，他们会相当忧虑，担心一切会暴露出来，因为他们再也无法避免讨论他们已同意不讨论的事。一起度过 12 个小时后，他们往往开始进入禁区，有时会有出人意料的结果。他们的关系没有被破坏，而是复苏了，往往还伴随着他们各自行为上的必要改变。那些没有以这种方式共度时光或拒绝这样做的夫妇听说有人这么做时，有时会说："很好，他们这么做很容易，因为他们都对对方感兴趣。"但是，确切地说，彼此觉得对方有趣，正是因为这种方法使他们停止了呆板的生活。

  我相信时间跨度不一定非得是 12 个小时，这一点很清楚。有时可以更长，有时可以更短。但这样做是行不通的：一个男人从办公室急匆匆赶回家，在客厅与妻子面对面坐下，看着他的手表说："好吧，离我们穿好衣服去俱乐部还有半小时。让我们好好谈谈吧。你想说什么？"

世界上没有比从一个人内心流向另一个人内心的真诚沟通更强大、更可靠的催情剂。顺带一提，这也是伴侣在激烈争吵后性生活异常兴奋的原因之一。他们已经打破了关系中的沉沉死气。但是，还有比激烈争吵更好的亲密方式。争吵的确有它们的用途，但是就像固定不变的饮食，它提供不了多少养分。我们不需要愤怒的力量来推倒我们的墙，如果希望分享浪漫爱情，我们应该让自己掌握去打破这面墙的艺术。

一次演讲后，一对夫妇走到我面前，他们对我的演讲极感兴趣，并告诉我他们的相爱是多么幸福——他们看起来确实如此。然后，男人对我说："但是有一件事情很困扰我。你是怎么找到时间亲密相处的呢？"我问他从事什么职业，他告诉我他是律师。我说："有一件困扰我的事。鉴于你这么爱你的妻子，而且你们似乎的确很相爱，你怎么找到时间处理你的律师业务呢？"他看起来很迷惘，不知所措，好像没明白我的问题。"这个问题不好理解，是吧？"我对他说，"我的意思是你必须处理你的律师业务，是吧？这是很重要的。"他的脸上慢慢有了光。我继续说："很好，如果你真的认定爱情和你的工作一样重要，你和这个女人关系的成功与你事业的成功一样重要，你就不会问我是怎么找到时间的。你会知道该怎么做。"

我希望这最后一句是我一直坚持的原则，但并不是。年轻时，我们经常对生活、对爱情轻率鲁莽。我们想象自己和所爱的人会永生。如果有时我们因工作或其他活动忽略了爱，没有给伴侣足够的滋养，我们会对自己说："以后吧。我以后会处理好的。"我和帕特里夏单独待在一起的时间比大多数伴侣都多，但仍有遗憾……我回想起我们本可以待在一起的时光，我却忙于做别的事。我努力回想当时看起来那么重要的到底是什么事，却发现毫无印象，并不是我人生中的幸福时刻。

在我看来，最大的时间威胁不是来自工作，而是来自我们的社会关系或是我们自己所谓的社会义务。通常，与这些义务相反，爱情是需要保护的。我们和伴侣在朋友或同事的陪伴下度过的时间可以是欢乐的来源，但是它不能替代和伴侣一起单独度过的时间。什么都不能替代。与那些无关紧要的人，或重要性与我们所爱的人无法相提并论的人一起度过的夜晚，是无法在日后回收，无法重温和回味的。机不可失，时不再来。

有时，我给那些似乎真正相爱但又对他们的关系轻率鲁莽、漠视时间的伴侣提供咨询时，真想对他们大声疾呼："我们不是长生不老的人！别以为你会有你需要的所有时间！我们都不知道下星期是否还在这里！此时此刻！让你们的爱现在就发生！"

滋养的艺术

实际上，所有的浪漫爱情都需要成熟的品质和态度，这一点怎么强调都不为过。如果我们只看到自己的需求，看不到伴侣的需求，那么我们就和伴侣是一种孩子与父母的关系，不是平等的关系。在浪漫爱情中，独立平等的双方不是互相耗尽，而是互相滋养。

要滋养另一个人，就是毫无保留地接受对方；尊重对方的自主权和完整性；支持对方成长和自我实现的需要，在最深、最亲密的层次上关心对方的想法、感受和需求。创造一个让人生活并茁壮成长的环境和氛围。

要滋养另一个人意味着要接受他的现状，要相信这个人仍未实现的可能性。我们要对这个人诚实表明自己的所需和所要，永远记住对方的存在不是仅仅为了满足我们的所需和所要。这意味着要对这个人的潜力和内在资源有信心，同时还要在对方请求帮助时随时提供帮助。（有时即使对方没有提出，可能也需要帮助。）这意味着要创造一种环境，让对方能体验到自己是很重要的，其想法和感觉的表达是受欢迎的，而且还要理解有时对方的需要是安静和独处。

滋养就是无条件的爱抚和抚摸，是拥抱和保护，允许对方流泪并给予安慰，是主动端来一杯茶或咖啡。

我们每个人心中都存在着"曾经的小孩"，有时那个小孩也需要被滋养。我们要认识到自己和伴侣心中的小孩，和那个小孩保持良好关系。滋养我们所爱的人就是滋养一个成年人心中的小孩，并接受那个小孩是这个成年人的一部分。滋养一个人就是不仅要爱对方的优点，也要爱对方的脆弱；不仅爱伴侣内在的强大，也爱其脆弱之处。

在相爱和知道如何去爱的男女之间，我们观察到的正是这种相互关心、相互滋养的模式。他们滋养的能力来自他们自己的完全成熟。他们对情侣需求的敏感来自对自己需求的敏感。对伴侣心中小孩的接受来自对自己心中小孩的接受。这就很容易理解为什么这样的人的爱情会发展；也很容易明白，为什么在没有得到这样的理解和滋养时，爱情往往会削弱、干涸和消亡。

得到滋养就是体验到有人关心我。没有得到滋养就是被剥夺了有人关心我的体验。

我认识一对夫妇，尽管他们相爱，但是非常不成熟，尤其是女方。他们的关系风波不断，充满了激情、眼泪、分分合合。他们之间的冲突有许多原因，其中一个原因显然和这个女人没有滋养能力有关。这并不是说她冷漠无情，也不是说她不努力。她在乎并且尝试了，认为自己做了"所有正确的事"，却不理解为什么她的男人不满意、不幸福。她假装在滋养，尽可能有意识地去完成某些动作：看看我是个多乖的女孩？现在你能照顾我吗？她提供的滋养不是自然而然的，不是发自内心的，男人感觉到了这一点，即使他无法将这种感觉说出来。这不是自发的爱情圆满或自发的自我圆满，而是具有微妙的操纵性，尽管我怀疑这个女人能否认识到这一点。

彼此真诚相爱的男女未能相互滋养，除了我已经说过的原因，还与以下情况有关。如果没有相当坚实的自尊，我们就无法意识到自己的行为对另一个人有所影响，无论是好是坏。我们不觉得自己的行为会产生效果，认识不到我们有影响另一个人的能力，因而也就无法知道我们有力量滋养所爱的人。也许是过去没有处理的创伤和积累的怨气，使我们在情感上对伴侣封闭了，从而抑制了滋养所需要的感情和能量的涌出。也许是多年来遭遇的挫折使我们否认并抑制了自己对滋养的需要和渴望，结果，对伴侣的需求也生疏了。根据我的观察和经验，对于伴侣需要拥抱和抚摸的时刻不敏感的人，往往也不在意他们自己有拥抱和抚摸的需求。不管男女无法彼此滋养的原因是什么，爱情都不可能不受到摧残。

例如，就前面说的"乖女孩"而言，她并不自私，而是她自身还未充分发育成熟。毕竟，一个孩子的滋养能力是有限的。事实上，如果她真的想做到无私，问题只会更复杂。她的男人有理由感到更多愤恨。我们不希望受滋养是一种自我牺牲的行为。我们希望感到伴侣在滋养行为上的投资是自私的。这个女人的问题不是她自私，而是她的自私没有包含和接纳她的伴侣，而这正是在成熟的爱情中会发生的事情。

自私的概念对于成熟的浪漫爱情是如此重要，我们将花些时间进一步把它说清。

爱情和自私

关于爱情的胡话,没有哪一个比"理想的爱情是无私的"更荒谬的了。因为我们所爱的,是我们的价值在另一个人身上的具体体现。确切地说,爱是一种深刻的自我主张。

自私的爱并不意味着对伴侣的需求或利益漠不关心。再说一遍:我们相爱时,我们利己主义的概念会扩展到欣然接受伴侣的幸福。这是对爱的巨大赞美:对另一人宣布,他或她的幸福对我们有着自私的重要性。

对所爱的人说他的福利和幸福属于我的私利并非一种恭维。爱一个人就是要在他身上看到自己,并希望和他一起赞美我自己;这并不是无私的。这正是爱情的本质。

我接受并尊重你;我敬重你的正直;我关心你的想法和感情;我把你抱在怀里;如果我抚摸并爱抚你,像爱自己的生命那样爱你——这些都不是无私的。

如果恋爱中的我们明智地花时间单独待在一起……什么也不做,因为"做"这个字通常是不言而喻的……只是待在一起,分享我们的生命、想法、感情、幻想和渴望……分享自我的探索之旅,彼此相助不断深入自我,彼此作为探索自我的向导、促进者、镜子和军师,造出一条自我发现的爱的通道,造出一辆个人成长的爱车,造出一个个人发展的爱的入口——这难道不是对明智的自私最高尚和崇高的表达吗?

无私的爱是一个自相矛盾的说法。

要理解这一点,我们得问问自己,是希望伴侣无私地爱抚我们,在这一过程中他们没有得到任何个人满足;还是希望恋人爱抚我们是因为他乐于这么做?我们得问自己是希望伴侣与我们独处时感觉自己是在自我牺牲,还是把这样的时光当作一种荣耀?如果我们希望伴侣感受到的是荣耀,如果我们希望伴侣体验到我们存在的欢乐,我们对生命的兴奋、热忱、激情、迷恋和喜悦,那么我们就别奢谈爱是无私的了。

即使是在最亲密和钟情的关系中,我们也要意识到和尊重自己的所需和所要。并不是说在恋爱关系中没有妥协和适应,显然有它们的位置;但如果我们过于忽视或牺牲自己的需要以讨好、满足对方,我们就是对双方在犯罪:因为我背叛了自己的价值——也背叛了对方,因为允许对方作为我这一牺牲品的受益者,就是让对方成为我讨厌的人。这种方式对爱情毫无益处。

如果一个人,公开宣称要去爱,却不了解上述培养爱的艺术,这个人的问题不在于"自私",而在于不成熟。浪漫爱情要求的不是自我牺牲,而是成年人对自私的理解。

性作为爱的表达

有时,想到浪漫爱情必然遇到和要跨越的那些障碍,很难不感到悲伤。对于每一对坠入爱河,又无能为力地看着爱情四分五裂的伴侣来说,这都是很悲哀的。

有时我们很容易就能看出有的人不负责任,或者恣意反常而毫不自觉,或者暴躁幼稚,我们也许不会对他们有太多同情。但是,当爱情瓦解的起因微妙而模糊,令双方都真正感到迷惑时,我们很难不感受到这些在黑暗中努力为自己创造生活的人的痛苦。

我想起那些长大后与性欲疏远的人,他们认为自己的性反应、性幻想和性行为令人心烦,与自己毫不相干,他们无法自发自然地表达自我。对他们来说,爱情是非常困难的,因为他们的欲望与他们公开宣称的价值观不一致,他们从另一个来源——从未成熟的自我那里接受指令。

我们认识到,性和爱虽然相关,但显然不同。性欲不一定意味着爱,没有伟大的爱情也会有满足的性体验。问题不在这里。我们同时也认识到最伟大和强烈的性体验是在爱的情景中发生的,是作为爱的表达而发生的。那么,那些说他们感觉到爱时未必能感受到强烈欲望的人,那些声称他们最佳的性经验发生在不被爱情"拖累"时的人,他们的痛苦是什么?这些人是在性方面自我疏远的男女，他们的爱情生活不可避免的是令人不满意的。有时，他们的解决办法是漫不经心地宣称自己对爱情实际上不感兴趣，"爱情碍手碍脚"。

我们需要记住，就像所有的自我疏远一样，性的自我疏远是心态问题。我的意思是，实际上我们的性反应永远是一种自我表达，在表达我们是谁，但未必是我们怎么体验它们。

一般认为，童年时期从父母和老师那里所受的反对性行为的教育会助长并加深性的自我疏远。这种倾向把性看作是自我较黑暗、不可接受的一面。当然，性的自我疏远的根源还有许多。

当我们享有健康的自尊，感觉到对自我的爱，感觉到爱和自我和谐一致时，那么性就是我们对伴侣、对自我、对生命感情的自然流露。反过来，当我们对自我价值非常没有把握，当我们长年感到受威胁或注定要失败时，性会成为证明我们是"坏孩子"的工具，正如童年时父母所说的。因此，性的自我疏远是使我们自己重新确信我们不是"坏孩子"的工具，是控制对方和因而证明我们是"安全"的工具，是在无意识的幻觉中与母亲或父亲重新连接的工具，等等。床就像一个形而上学剧场，其中上演着生活的基本戏码。例如，我们知道绝大部分极其沉迷于权力的人在性虐待中会达到性强度的最高峰（Janus, Bess, and Saltus, 1977）。痛苦——给予痛苦或忍受痛苦的能力——在情感上具有极高的价值。这样的人与他们的婚姻伴侣鲜有良好的性生活，他们一般不会在这种情景中随意深入探索他们对痛苦、屈辱和堕落的迷恋；通常，妓女更符合他们的要求。

床是我们发泄对亲密关系恐惧的地方，因此性绝不会真正超过自慰的水平。床可能是两个孩子手牵手反抗恐怖的成人世界的地方，也可能是一个男人或一个女人不断上演他们为获得父母的爱和许可而奋斗的地方。

床也可能是一个人对生活的热爱爆发的地方，奔涌着喜悦和兴奋的洪流。床可能是两个恋人彼此崇拜、超出灵与肉的界限，使他们存在的最深层价值显露出来的地方。

成功的浪漫爱情要求的是与自我融合的性生活，不会与自我的其他基本价值相冲突。

如果我们没有自我分裂，自相反对，如果我们没有为了证明自己的价值或任何别的而持续不断地挣扎，那么我们就能自由地享受自己的生命，享受活着，享受并赞赏我们的伴侣；我们就不会经历身心的分裂、灵肉的分裂、倾慕与激情的分裂；我们就能真正感受到自己的伴侣多么优秀，并为自己的性欲和取向而骄傲。

麻烦的是，如果我们不喜欢某种特定的性反应，我们很容易就否认这些性反应，甚至回避所处的现实，并因此把我们的性心理密封起来，与我们意识的其余部分隔绝，与我们的知识和智慧隔绝，使我们陷入无助而毫无必要的困惑中。我们寄希望于随着年龄增长就能超越现实——我们不拥有、不接受、不允许自己去充分体验性的现实,但这希望并不可能。所以我们仍然是我们未成熟的囚犯,是我们童年未竟事业的囚犯,这使我们无法得到成年的喜悦和满足。

在这个被困的状态中,浪漫爱情只能被感受为对遥远、难以达到的理想的痛苦渴望;也许对别人来说是可能的,对自己却永远不可能。所以,我们能毫无负罪感地体验到快乐,接受自己的性感觉和性反应,接受自己的身体和异性的身体是多么弥足珍贵。

如果我们能体验到性不是耻辱或犯罪,而是源自自我崇拜和对伴侣的崇拜,如果我们把性作为活力和对生命喜悦的表达,那么通往浪漫爱情圆满的主要道路就开通了。

通过给予和接受性愉悦,爱侣们不断地重申他们是彼此欢乐的源泉。欢乐是爱的养分:它使爱发展。另一方面,很难不认为对性的忽视是拒绝或放弃,不管对方宣称有多么忠诚。性并不是浪漫爱情的全部,但谁能想象圆满的浪漫爱情没有性呢?或许在非同寻常、悲惨的情况下可以,但绝不是首选的生活方式。性的潜能发挥到极致,是对爱情的终极赞美。

我已经预料到一种可能的误解。事实上,把性看作浪漫爱情必不可少的条件,并不否认爱情要经历不同的阶段,在数十年的关系中性生活很难维持早年的水平。在这里,做爱的频率并非关键所在,只要两个人记住把彼此看作性的存在,只要在他们的互动中这种看法持续存在，他们的关系就仍然是两性的。

八十多岁的人依旧能以性爱的眼光注视他们的伴侣。而如果所有的激情都消失了，三十多岁的人也只能以友爱的眼光注视他们的伴侣。

关系是否依然浪漫取决于两个人如何看待对方，而与他们是否经常睡在一起无关。

倾慕

尽管要承认性激情的重要性，但只有性激情无法支撑一对夫妇度过一生，而倾慕却能做到。

在前面的整体讨论中，有一层含义不言而喻，爱情关系中的两个人是互相倾慕的。不幸的是，事实并不总是这样。而实际上，浪漫爱情中没有倾慕时，会不可避免地处于压力之下，要幸存是异常困难的。

相互倾慕是两人关系存在的最强有力的支持和基础，使夫妇有极大的可能应付压力，穿越生活中迟早会出现的、不可避免的风暴。

对许多人来说，"我倾慕我的伴侣吗？"这个问题十分恐怖。但如果问"我是否爱我的伴侣？我是否渴望我的伴侣？我与我的伴侣有过欢乐时光吗？"似乎就不那么恐怖了。"我倾慕我的伴侣"要冒这样的风险,即有可能发现我与其说是通过倾慕不如说是通过依赖,与其说是通过真正的尊重不如说是通过不成熟、恐惧或"方便"和伴侣绑在一起。

每当我在讲演时提到浪漫爱情中的倾慕这一话题,我差不多总是能看到教室里一些夫妇的脸上浮动着忧虑,同时一些夫妇脸上流露出欢乐和自豪。

奇怪的是,关于这个问题的重要性,许多人并没有意识到。他们可以几个小时地谈论自己关系中的难处,对倾慕却从未提及。

我记得一个女人曾来咨询,因为她对丈夫很不满。至于原因,她自称连自己也很迷惑。我问她,她丈夫是什么样的人,她对他有什么看法。她回答道:"他很了不起。他每天早晨把早餐送到我床边。他非常和蔼可亲,从不指责、抱怨、要求。他体贴得无微不至。我一生中从未受到这么好的待遇。他真是太好了。"我说:"但是,除此之外,除了他怎样待你,他作为一个人,你是怎么看的?"她本能地回答:"他很可怕。他说谎。他很懦弱。他现在还贪污他工作的那家公司的钱。他以他的魅力为生。他是——他是个大烂货!"当我轻声问其中哪一点可能与她不快乐的感觉有关时,她看起来好像突然得到了神奇的启示。

在关系存在的过程里,任何程度的内部或外部压力都可能造成爱情动摇不定,对本章描述的任何一种美德产生动摇,在这种情况下，倾慕也许能维系一段关系。如果缺乏对伴侣的倾慕，我们就很难容忍我们察觉到的伴侣的缺点。除了在暴风雨中提供支持外，倾慕在许多方面可以丰富我们的生活。在被倾慕时，我们感到被看见、受赞赏、被爱，并且因此加强了我们对伴侣的爱；在表达倾慕时，我们为自己所选择的配偶自豪，它证实了我们的判断并加强了我们的爱。两个彼此十分倾慕的恋人，知道如何给爱情不断添加欢乐的燃料。

这又带我们回到本章的起点：自尊的重要性。当自尊很强的人坠入爱河时，倾慕极有可能成为他们关系的核心。他们最有可能倾慕伴侣，也最有可能被伴侣倾慕。倾慕在低自尊者的关系中并不凸显。事实上，根据我的经验，他们通常不喜欢听到别人提起倾慕的话题。

难怪当一个男人和一个女人互相倾慕时，爱情往往会发展；当他们无法相互倾慕时，爱情往往会结束。

爱的勇气

谈到浪漫爱情的挑战和困难时，人们很少提及一个问题：它可能会让人感到恐惧。

当我们坠入爱河时，我们感到另一人对我们极为重要，对我们的个人幸福极为重要。我们允许那个人进入我们内心的私密世界，这也许是任何人从来没有进入过或知道的世界。因此就有了屈服，不是对另一个人的屈服，而是向我们对另一个人的感情屈服。没有这种屈服，爱情一开始就会流产。

允许对方变得对我们极为重要，会有什么问题？会有什么障碍？非常简单，障碍在于失去对方的可能性，在于另一个人不向我们回报爱的可能性，或者不再爱我们了，或者死了。

在我的"自尊和浪漫爱情"强化班里，我要求学生分为几个小组，男女分开，探讨他们关于需要异性的感觉。通常参加者不仅会感到恐惧，还会感到愤怒、怨恨：对异性的需要构成了一个可怕的、使人愤怒的弱点。

根据我的经验，情侣双方所谓的战争多是由怕被拒绝、抛弃或丧失的恐惧引起的。男人和女人通常都害怕承认，他们是多么需要对方，异性对于享受生活以及发挥自己作为男性或女性的潜能多么重要。很多时候，我们几乎憎恶我们极为需要异性这一事实。

我相信在受伤、怀疑或者愤怒的时候，女人说到男人和男人说到女人的许多蠢话中，仅仅反映了过去被拒绝或被抛弃的痛苦经历。人们往往不承认恐惧，不能诚实地面对它，不能承认它现在的样子；而是将其合理化，用对男人或女人的笼统概括来证明它的合理性，目的是躲避面对忧虑和伤害，而忧虑和伤害正是这个话题的真正根源。由于他们中大多数人在童年时有过被抛弃的痛苦感受，他们成年后谈恋爱时，就已经准备好接受劫难，准备好迎接悲剧。他们"知道"爱情意味着痛苦、伤害、拒绝和丧失。除童年的经历之外，他们还可能在以前的恋爱中受过挫伤或打击。因此他们"知道"爱情意味着折磨。

前面我谈到沟通的重要性。不过，这种恐惧本身是沟通的一个巨大障碍。一对恋人吵架，我经常看到其中一个封闭了自我，从爱情的深处断开，以保护自己，以防万一事情解决不了。他们变得冷淡、疏远、害怕，甚而敌对。但是他们不承认自己害怕，反而进行防御，设置障碍。他们不想保持心胸敞开，不想一直使自己轻易受伤。结果，沟通被阻塞、破坏了。他们谈话时，很难说出自己的真实感受。他们的沟通是扭曲的，因为他们严禁自己表述最深的感情。这就是为什么冲突很难解决。他们不是发自内心地互相交谈，而是躲在面具后面交谈。

许多男人心中带有一种对女人有意无意的敌意，许多女人也一样。这不是——并且不可能是——生活的本质。男人和女人互相需要，这种需要应该使他们成为朋友，然而由于受伤的恐惧和预期，却经常使他们成为敌人。

造成损害的不是这样的恐惧，而是对恐惧的否认，拒绝承认恐惧，不坦诚地对待恐惧。双方都感觉到对方的敌意，并且自己的恐惧和敌意也随之加强。如果这是恋爱，那就是两个在堡垒之中的人在恋爱。

当他们出现问题时，一方不会说"我爱你并且非常害怕失去你"，而会说"我不再确信我还爱你"。说出"我害怕"是需要勇气的。当他们缺乏这种勇气时，所付出的代价往往是关系的破坏。由于怯懦，他们毁了几段关系后就更乐意听到别人说浪漫爱情是不成熟的妄想。与其承认浪漫爱情不是心灵脆弱者的游戏，不如指责浪漫爱情。

有时，我听见人们谈论他们对浪漫爱情的恐惧，不是从被拒绝或放弃的角度，而是从失去自我的角度。有一种恐惧，即浪漫爱情必然造成个体身份的屈服，实际上，人们是害怕他们的灵与肉都会被对方掌控。但我从未听过一个有着高自尊感和强烈的个人自主意识的男人或女人表达过这种恐惧。相反，根据我的经验，恰恰是自信和自持的人，最少展示出向爱情屈服的忧虑。我感觉那些害怕失去自我的人不经意间承认，他们强烈地渴望爱情，追求爱情，但又害怕为了得到爱情不得不牺牲一切——牺牲他们的思想、价值观和人格。如果这是真的，那么问题就不在于爱的本质，而在于未充分发展的自主性和个人身份认同。

有时，我让一个男人或女人谈谈爱情对他们工作的威胁。他们说，向爱情屈服破坏了他们对事业的全部承诺。作为一个终生追求成就且非常了解热爱工作意味着什么的男人，我一点也不相信这种论点。我认为这是把对亲密关系的恐惧合理化。有时还有另外的恐惧，即恋人不会尊重他们的工作需要，并且由于害怕恋人不高兴，他们会不再努力工作。这非常像在讨论自我迷失的问题。没有足够自信、没有充分自主，是人性没有充分成熟的问题。当然，如果一个人有这样的问题，并且不知道如何解决，他最好能自觉地面对事实，不要试图建立亲密关系。但是对这种人来说，这又是很难的。他们想要爱情，想要婚姻，但他们不会做出合乎逻辑的严肃承诺，承担不了自己的义务。除了偶尔一些时刻，他们不想进入关系，并且他们要对方无怨地接受这一点，支持这种伪装的浪漫。那么，他们想要的是一个矛盾的产物：想要恋爱，又不想去爱。

即使我们没犯过这些差错，即使我们在童年时代或在过去的恋爱中没遭过拒绝，即使我们从未以任何恐惧或疑虑接触爱情，也还是存在着一种终极威胁：因死亡失去所爱的人。作为一种可能性，这毕竟是我们存在的本质。总有一个人先死，并且我们不可能知道是什么时候。尽管我们没有必要以这种认识折磨自己，但很难回避这个问题。并且，即使我们理性地接受它，仍然必须首先承认它、看见它，并对此有清晰的认识、诚实的态度和勇气。在我对帕特里夏的死感到极度痛苦期间，我发现自己爱上了另一个女人，我有时感到的恐怖真是难以名状。我被迫在心灵最深处面对浪漫爱情最可怕的一面。

我已经谈到过接纳自己感受的艺术、不与现实抗争的艺术、随遇而安的艺术。当我们不得不面对爱人的死亡时，我们对这些原则的理解从未受过如此严峻的考验。哀悼和悲痛都是必要的，机体能够得以恢复，情感幸福也可能重新获得。但这是一个无法用语言表达的可怕过程。

这不仅仅是一个让人感到痛苦的问题，还是你是否愿意体验一切的问题，需要毫无抑制和自责地接受所有在某种时候可能出现的折磨人的感情、思想和幻想。

为了清晰地描述全部的现实情况，我有必要谈谈帕特里夏死后那一年我的生活是什么样的。在有些日子里，或者在某些时刻、某几个小时里，我感到一种命运的恐怖，心中的失落油然而起，我感到身体不知不觉被极大的痛苦绷紧了，我对自己说："呼吸。不要抗争。接受。"有时我会受到负罪感和自责的侵袭，但不再试图争论这是不理智的。我会对自己说："好了，今天是你很有负罪感的一天。还是接受它吧。"在有些早晨，我会在醒来时感到莫名其妙的轻快，然后几分钟或几小时后，幸福感就会变成泪花，接着变成动物般的号啕。除了接受这一切，别无他法。不要去抗争，而是允许，允许机体做它该做的事，体验它该体验的东西。

有时在难以预料的时刻，会有一种强烈的性冲动——接着是暴怒——在其他时候，是一种毁灭性的无力感。有几天，我会发现自己在回忆每一个帕特里夏烦扰过我的行为，好像通过专注于她那些真真假假的缺点，我就可以把巨大的损失减到最小。我设法不去抗争，不去改变或改正任何东西。我接受、观察，并且等待。最糟糕的是，在我内心的一切似乎都要瓦解时，整个身心也一起粉碎了，我穿过空间不停地下跌，我可以听见身上的每一个细胞都在尖叫帕特里夏的名字。

当然，我也有抵抗我的感受的时候，有夸张到我的整个身体缩成一个巨大的"不"的时候。然后，接受抵抗，允许抗争和否认，体验这一切——还有等待。

这是信任，相信机体有自我修复的力量，相信我会尽最大努力不去否认我的经历，承认我在它们真的发生时有过试图否认它的时刻，最终会治愈、整合。这就是已经发生并将继续发生的事。

但是，在这一切剧痛中，向另一个女人敞开自己，允许另一个人变得重要，并在今后的人生里一直都很重要，让自己毫无保留、毫无限制地接纳这一点，意味着将来在某个未知的时刻，可能会使自己再度遭遇那种极度的痛苦。我正是以这种心态面对浪漫爱情最恐怖的局面的。

我非常幸运。我再次爱上的女人鼓励我谈论和分享再次恋爱的忧虑，以及我对帕特里夏的所有感受。我从不需要掩藏或隐瞒任何东西。

如果感觉到我所描述的那种恐怖时，我们该怎么办？我们要承认它、表达它、谈论它，而不是假装它不存在。

毁掉我们的不是对失去的恐惧，而是否认恐惧。如果承认它、表达它，我们就会发现恐惧会逐渐消失。并且，即便它仍然存在，也不会破坏我们的爱情。但是，如果我们自己意识不到它、否认它，那么我们无形之中就会被它控制。我们会发现自己神秘地拒绝了伴侣，或者表现出不适当的挑剔，或想到可能不再有自由了，或者实施一些自毁幸福的其他行为。

无意识是永远的敌人——有意识总能使问题得以解决。解决办法是了解、接受和表达。我起初说过，我把浪漫爱情看作一个巨大的挑战和我们生存的一次巨大冒险。它对我们的要求很高。它要求有高层次的个人发展。并且它是无情的——就像万有引力定律。如果我们没准备好，我们就会失败。但是，即使我们满足了爱的要求，我们也不能肯定它是否会持续。我们不知道它能否导向婚姻。我们问自己：婚姻的目的是什么？我们不知道，在婚姻中即便我们爱着自己的伴侣，是否还会爱上或渴望别人。生活的种种变迁随处可见，我们不知道浪漫爱情是否可能是一个例外。

让我们接着谈谈和这些有关的其他问题吧。

结婚、离婚和终身承诺的问题

当两个人希望互相托付，分享各自的生活、喜悦和奋斗，并向周围的世界宣布他们的关系使之成为社会现实时，他们就会依靠婚姻这种形式作为表达，隆重庆祝并使协议具体化。

婚姻制度，尤其是如今的婚姻制度，回应了我们对于形式的渴望与需求。但这并不意味着每对坠入爱河的恋人都会自动想到结婚，许多恋人不想结婚。现在越来越多的情侣选择在没有法律意义上的婚姻关系下一起生活。不过，一旦他们选择结婚，我认为最好从这是非常人性、自然的渴望这一层面去理解他们的动机。

我们承认，出于法律和财务考虑的婚姻往往令人向往，这些考虑与保护子女、继承等问题有关。这些务实的考虑显然是很重要的，但对多数人来说，我不认为这些考虑代表了婚姻的本质或婚姻存在的终极理由。

对形式的渴望无可厚非，但仅仅想象形式本身能解决人际关系中的所有问题是不合理的。很显然，它不能。

既不是宗教也不是国家创造了婚姻，它们不过是攫取了批准或祝福或用别的方法控制男女因选择和需求发展起来的关系的权力。之所以强调这一点，是因为有时宗教或政治会介入婚姻，由此产生的怨恨变成了对婚姻本身的怨恨。但这是两个不同的问题。

婚姻的本质——特别是我们这里所谈及的婚姻的意义——不是法律上的，而是心理上的。有些人生活在一起，没有得到法律批准，但他们在心理上比那些举行过正式婚礼的人更真实地结合了。根本的问题是承诺。

首先，这意味着毫不抵制或否认地接受另一个人在我们生活中的重要性，意味着我们感到伴侣对我们的幸福至关重要，并且平静地接受这个事实。但是，意义还不只这些。它还意味着我们对自身利益的体验，已扩展到囊括我们所爱的人的利益，因此伴侣的幸福成为我们自己的、自私的问题。对外部世界而言，在没有否认任何一方自我的情况下，两个人融为一体。这里有一种联盟的感觉：谁危害我的伴侣，就是危害我。而且，保护关系、维持关系是我最优先的事项，这意味着我不会故意做出危害我们关系的事；我会充分尊重我们关系的需要，因此会尽最大能力设法满足这些需要。

我们很容易看出，如果这就是承诺，那么大多数的婚姻双方远没有做出全面的承诺。有时一对夫妇会问："为什么要为这一切烦恼？我们彼此相爱还不够吗？为什么要结婚？尤其是我们不计划生孩子。"婚姻不是义务，它是选择。没人可以有理有据地说两个人应该结婚。对此没有任何规定。如果一对情侣希望在没有正式婚姻承诺的情况下一起生活，就没有理由敦促他们改变自己的策略。婚姻太困难、太危险，没有全心全意、毫无保留的热情，是不能进入婚姻殿堂的。同时，很难摆脱这样的印象——最近有研究似乎也证实了这一点——对婚姻的反感与许多人头脑里对承诺的恐惧，对全心全意、毫无保留地忠于对方的恐惧有关。

做出婚姻逻辑所要求的承诺，是以具有相当的成熟程度为前提的，尤其以能明智地选择一个可能与之维持这种承诺的伴侣为前提。我们知道婚结得越早，就越有可能以离婚告终。这没什么奇怪的。不幸的是，理想的生育年龄不一定是理想的结婚年龄，至少，从心理学角度来说如此。我们必须学会适应这样的事实：很多年轻人的婚姻以离婚告终，并且有充分理由相信离婚率将来会更高。离婚越来越成为正常的生活方式，它不是背离正常的模式——它就是正常的模式。

可是，多数离婚的人后来再婚了。他们也许失去了和某个伴侣在一起时的欢乐，但是，根据对二婚和三婚的统计，他们并没有失去对婚姻的热情。婚姻依旧是多数男人和女人的首选。

当终身一夫一妻制还是我们文化中的正式理想时，一种不同的模式，连续一夫一妻制，似乎能更好地体现社会生活的现实。一次只与一个人结婚（一夫一妻），但是一生中也许与两个或三个人结婚（连续一夫一妻）。

我们不必把这种情况看作不幸或悲剧。这未必意味着把婚姻当儿戏或不负责任。婚姻如果不能永久就是无效的，这种假设是错误的。

婚姻的价值是以婚姻提供的欢乐来估计的，不是以它的寿命来估计的。如果两个人都非常沮丧，痛苦不堪，非要保持婚姻，即便在一起生活了五十年，也一点儿都不值得敬佩。

假设连续婚姻越来越成为正常模式,但把人们因不成熟而不能明智地选择情侣也算在这个模式里就错了,因为那不应该是正常的模式,只是婚姻结束的原因之一。

我们必须承认,变化和成长是生活的本质。两个人,各自追求独立的发展道路,迟早会在某一点上相遇,这时他们的需求是一致的,并且能在几年时间里共同向前走,两人都能得到巨大的喜悦和滋养。但是,他们分道扬镳的时刻可能会到来,紧迫需求和价值观驱使他们往不同的方向走,这时可能有必要说再见。这是痛苦的,也是无法否认的,尽管我们常常想抓住不放,坚持下去,激烈抵抗那种敦促我们进入新的、陌生环境的力量。

我想到一个22岁的女人和一个41岁的男人之间的浪漫故事。他从不幸的婚姻中走出来,她也从与一个非常不成熟的青年令人极为沮丧的关系中走出来。他们走到了一起。和这个年纪比自己大的男人在一起,她看到了她从未体验过的男人的成熟,并表现出了她自己与之相称的兴奋;同时,他也看到了她对他的欣赏是他在前妻身上从未体验到的兴奋光芒。他们坠入了爱河。有一阵,他们在一起快活如仙。时间过去了,他们之间慢慢地微妙地发生了摩擦。她要自由、要玩、要试验——总之,要年轻;而他想要一个稳定的牢固承诺。他们逐渐看到各自的发展阶段是多么不同,因而他们的许多需求和要求也不同。他们感到不得不说再见了。但他们的关系是否是失败的呢?我认为他们不会这么说。

他们各自都给对方留下了美好、滋养和难忘的往事。

有时一对夫妇会选择把保存关系置于发展之前，抑制新的冲动。他们已有的安全和价值优先于其他可能性，这也是一种选择。我们得到我们想要的——并且我们付出了。有时浪漫爱情在这种选择中幸存下来，有时不会。

插曲：过程对结构

如今我常常听到诸如"一夫一妻制不行了"或者"婚姻不行了"这样的说法。当然，在某种意义上，这些说法可能有道理。然而，在另一种意义上，这些说法是完全错误的。因为事实证明，非一夫一妻制行不通，非婚姻关系也是如此。对于很多人来说，什么都不行。

肯定没有证据证明不结婚比结婚更幸福，反之亦然。同样，也没有证据暗示非一夫一妻制比一夫一妻制使人更幸福。每个选择都有相应的问题和困难。

有人问我相信单配偶同居（即性专一）还是相信婚姻，我不可能如上述那样回答问题。我既不相信也不拒绝相信。在这个问题上，有一种不准确的预想。

这个问题说明一种固有现象，在人的关系中，一种结构的安排比另一种结构安排优越，无论是什么人、什么心理状态、怎样表现、怎样对待伴侣,我称此"结构法则"为人际关系。相比之下,我是"过程法则"的拥护者。两者的定义和区别是:结构法则把重点放在关系所采取的形式上,过程法则把重点放在相关的人之间发生的特别的事上。当我讲到"形式"时,我指的是两个有婚姻关系的人是否在一起生活,是否同意婚外恋这类问题;当我讲到"过程"时,我指的是在他们之间持续的行为,就是本章讨论的这类问题。

举一个极端的例子,如果两对夫妇选择以"四人婚姻"在一起生活,这是关系的形式问题;但并没有告诉我们,他们四个人将怎样互相对待,这是个过程问题。例如,他们没有告诉我们,他们是承认还是否认他们的感情,他们是表达还是隐瞒他们的需求,他们是对别人的处境感兴趣还是只对自己的处境感兴趣,他们待人坦诚还是颐指气使,他们会创造尊敬、郑重的气氛还是歇斯底里、玩世不恭的气氛。如果他们互相对待的过程是合理的、适当的,以尊重现实为基础,他们很快就会发现四人婚姻对他们是否可行。如果他们的过程是不合理的、不适当的,没有现实基础,那么对他们来说什么都不可行——四人婚姻、两人婚姻、偶然的风流韵事、独身生活都不行。

问题在于,如果一个人不知道如何灵活、理智地对待恋人,找第二个恋人大概也不会聪明多少。这只会扩展无能的领域。如果一个人确实能灵活、理智地对待恋爱关系中的另一半,就会知道解决诸如性专一之类的问题时，没有绝对的规则，涉及的总是环境、个人历史、个人生活方式、情感需要以及相关的整体心理问题。

我们很快就会更详细地谈谈诸如性专一之类的问题。我们不可能开出适合全人类的现成处方，解决办法必须是因人而异。

如果说古板的正统观念认为，只有情侣之间的性才是道德的、适当的、心理健康的，那么有些地区新的主流观念是，多元的性关系才是道德的、适当的、心理健康的。从前，一对夫妇因其中一方渴望有婚外情而来婚姻咨询，公众舆论会认为问题出在渴望有婚外情的那个人身上；今天则常常认为问题出在反对婚外情的那一方。我并不认为这是进步。两种看法都假定有人有罪，假定有一种适合所有人的正确模式，谁超出这个模式谁就要被"调整"。

我们做出的任何选择都会有后果。在我听到的所有谚语中，我最喜爱的是一则西班牙谚语——上帝说："想拿什么就拿，付钱就是了。"成熟的人会事先预想到后果——承担他们行为的代价和责任。有时，我们确实无法预见行动的所有后果；但如果我们选择采取行动，我们必须清楚结果的不确定性，包括可能出现我们不喜欢的后果。

有些人知道如何使婚姻和性专一为他们所用，还有一些人知道如何使非婚、不婚和开放式关系为他们所用。他们都是少数人，后者比前者更少。

我想到一些夫妇，一开始他们以性专一为前提建立了关系，后来他们放弃了这一要求，最后又选择恢复如初。还有一些夫妇，以开放式关系为前提开始，后来又感觉需要性专一，继而又回到最初的选择。有时他们的关系幸存下来，有时不会。上帝说："想拿什么就拿，付钱就是了。"

以我自己的经验，以及和我讨论过这些问题的同事的经验，多数在年轻时试验过性开放关系的人一般在四五十岁时往往会喜欢性专一。这似乎就是内娜·奥尼尔在《婚姻前提》（O'Neill, 1977）中的结论，写于奥尼尔女士与人合著的那本著名的《开放婚姻》（1972）之后。理由与渴望一个牢固的承诺有关，与稳定和安全有关，这种稳定和安全来自完全忠于一个人和一段关系的渴望，毫无疑问，还要加上某种因自身原因对追求性多样化的厌倦或者觉醒。有一种感觉表明，在一段排他关系中，浪漫爱情最终也许是最扣人心弦的冒险。

这是我自己的信念。

性专一

在婚姻中或在有严肃承诺的浪漫关系中，性专一是一个什么样的问题？

当我们处于热恋时，我相信渴望性专一是完全正常的，海伦·费舍尔[1]引人入胜的著作《情种起源》也支持这种看法。热恋时，性行为对我们来说绝不仅仅是一次肉体行为，而是我们表达爱意的强有力的途径；不仅是我们身体在床上的相遇，而且是灵魂的相遇。因此，一想到自己的伴侣与他人分享那种特殊的反应，我们就会感到非常痛苦。视婚外性关系为理所当然的文化，与认为婚姻和强烈的激情紧密相关的文化，是两种不同的文化。

我得在一开始就说清楚，我并非暗示大家，婚外恋一旦发生就应该或必然导致基础关系的突变。不一定是这样。有时，一次外遇危机反而会促使这桩婚姻的爱和亲密达到一个新的高度。在此，我仅仅强调的是，渴望性专一是完全可以理解的。这不是神经质的表现，也不是老派思想熏陶下的残余。

我们是性动物，幸运的是，当我们坠入爱河时，我们依旧是性动物。我们并不会仅仅因为恋爱了，就对其他人视而不见，虽然有时是这样。我们不会对情侣之外的人的吸引力毫无察觉。有时我们对那种吸引力的注意会变成欲望，而是否根据这种欲望采

---

[1] 海伦·费舍尔（Helen Fisher），美国生物人类学家、金赛研究所资深研究员。她在《情种起源》一书中研究了大脑系统在恋爱时如何产生强烈而热情的情绪，发现大脑把浪漫爱情当作是一种奖励。人在恋爱时，大脑中反应最强的部位和人得到奖励及高兴时的反应部位是一样的。

取行动则完全是另一个问题。但这种欲望会产生，并且几乎可以肯定会时常产生，似乎是人类心理一个显而易见、不可逃避的事实。

显然，我们内心越有安全感，自尊就越强；我们被伴侣所爱、所渴望的感觉越强，我们就越容易接受伴侣这种偶尔的欲望。我们没有必要去喜欢这些欲望，但也不用把这些欲望看作灾难。另一方面，如果我们内心没有安全感，从未真正相信过会有人爱我，如果我们怀疑伴侣对我们的爱和渴望不够强烈，并因此而痛苦；那么，伴侣对他人的任何反应几乎都不可避免地会引起我们的忧虑，甚至恐慌。我们时刻都在等待头顶那柄斧头落下。

很明显，在现实生活中，长期的性专一关系更有可能发生在人生后半段，而不是前半段。当人们在四十多岁热恋时，他们不大可能在性方面仍然没经验。已经有很多机会使他们的性好奇得以满足，这就使他们更有可能热衷专一的性关系或至少主要是专一的性关系，并有保持它的心理动机。

我们已经注意到，如果人们在二十多岁时恋爱结婚，不管是否性专一，他们终生维持这种关系的可能性是非常渺茫的。在二十多岁时，我们不够成熟，无法做到终生承诺。并且，即使那时我们对伴侣的选择是合适的、明智的、聪明和成熟的，个人变化、成长和发展的正常过程都有可能在今后的岁月里产生不同的欲望和需求。

要弄清这一点，你可以想想如果我们正常的寿命预期是一千年，那么没人会认为一对在二十多岁时结婚的夫妇的婚姻会是"一辈子"。人们会认为他们的承诺是共同走一段旅程，而不是全部的旅程。如果我们的生命预期是五百年呢？或者一百年呢？这条线应该画在哪里？

以上所述并不是要否认那些在二三十岁时结婚，确实一直幸福地、专一地生活在一起，直至生命终结的夫妇。然而，其他模式就一定代表着失败吗？

我们不妨想想，处在一段重要关系中的人有时会发现自己被外遇吸引的某些原因。这里并不是在讨论那些既没有认真的爱，也没有严肃的承诺的关系。一个普遍的假设是，婚外恋的基本原因是在婚姻关系中的性挫折。大错特错。虽然有时实际情形如此，但远不能作为放之四海而皆准的解释。许多人都会与他们认为不如伴侣有吸引力的人发生关系。这通常是一种猎奇和对多样化的强烈欲望。

特别是那些婚前几乎没有或根本没有性经验的人，在结婚后的岁月里极有可能想知道他们错过了什么，也许"外面"还有什么自己不知道的体验，结果，婚外的实验就随之而来了。

无论什么年龄，无论过去有什么经历，有时寻求外遇是为了摆脱生活的无趣，摆脱单调或乏味的感觉，或因挫折而寻求某种安慰——这种挫折并非来自关系,而是来自工作或事业。所有这些原因也许可以归为"渴望新的刺激、新的兴奋"这一概念。可是我们需要更仔细地审视这种欲望,并非因为这种欲望不可信,而是因为它作为一种解释,常用于掩盖许多其他动机。如下所示是一些值得了解的常见动机。

有时是为了确信自己仍然很有吸引力。此时这种欲望是为了自我改进或自我满意。

有时我们希望与一个不知道我们的过去、没见证过我们的成长、不了解我们缺点的人在一起。在他眼中,我们是一个全新的人。

有时我们感到被对方伤害了,外遇是一种复仇或自救的形式。有时我们想对对方所做的风流韵事进行报复。

有时我们交往的伴侣,他的生活脚本需要一个"不忠的"、会"冤枉"会"背叛"他的人。而我们这些有外遇的人也许还没意识到自己是被这位"被冤枉的"和"被背叛的"的伴侣操纵了。

有时,伴侣在一段时间内彼此分居两地,婚外恋的出现仅仅是因为孤独。

有时我们遇见一个新的人,而这个人我们觉得在年轻时是不可能拥有他的,现在,机会出现了,我们感到无法抗拒这种诱惑。

有时我们遇见一个新的人，这个人触动了我们以前从未被触动过的心弦，新的大门打开了，我们体验到新的理解和新的满足。并且我们感到在各个方面——包括性的方面——都被这个人所吸引，不过这种吸引没有强烈到使我们与现在的伴侣分开。

我的目的不是评估这些动机好或者坏，而是提醒大家注意这些实际存在的动机，不要再让这些动机被"对新奇的渴望"之类的陈词滥调掩盖而变得模糊不清。

还有一种说法，假定两个人真正相爱，那么其中任何一个都不可能和别人有染或者渴望有外遇。这是错误的假定。

有些人比任何人都更喜欢性专一。有些人则相反，尽管和伴侣几十年那么相爱，但是性专一对他们几乎是不可能的。我们不了解造成这些心理差异的所有原因。然而可以肯定的是，无论是道德鼓励或道德谴责，抑或简便快捷的普世处方对他们都没有任何价值。

我们也许希望不要在婚姻中出现这样的问题，甚至希望这些问题永远不会出现；但是，如果它们出现了，理智要求我们不要将其视为灾难，不要草率地认为它出现的唯一可能意义就是爱情已经消失，不要断定我们的关系现在不可避免地失败了。

正如先前提到的那样，我可以想到婚外恋似乎毁坏了婚姻基本关系的事例。但我也可以想到婚外恋有可能加强婚姻基本关系的事例。必须把它们放到具体的条件和环境中去看。

我认为，任何人都没有理由否认婚外恋会威胁基本的婚姻关系。当我们打开门走出去时，我们不可能确定门外有什么。但不要忽略一个明显的事实：当我们的伴侣与别人有恋情时，我们通常会感到受伤，并且积累的痛苦大有可能会造成爱情结束。这并不意味着夫妇必须分手，两人组合也许会继续，但是关系的性质改变了。他们的住处也许仍然有爱，但是他们也许不再希望把这种爱描绘为浪漫爱情。火已经灭了。

可是……我想到一对夫妇，他们理智清楚地看到他们中一方的婚外恋，觉察到他们的关系中有些未解决的问题。他们知道，现在不是向恐惧屈服、放弃这段关系的时候，而是应该召唤勇气和理智，为婚姻关系而战。他们认为，最迫切的需要是了解为什么会发生婚外恋。他们成功了，并使他们的关系获得了新生和活力。

我们为伴侣与别人上床而感到受伤或愤怒，这是可以理解的。或许是惊恐，或许是威胁，但不管有什么感觉，我们都要知道通过控诉和责备来控制对方不会有好结果。想要攻击和抨击对方可能是一种非常自然的冲动，但如果我们的目的是保住浪漫爱情，就必须认识到这不是治愈创伤的策略——这是疏远的策略。装出一副满不在乎的态度也不可取。现在需要的不是谎言，而是理解和诚心沟通的努力。

有的夫妇接受可能发生外遇的事实，原则上同意并接受，只要把事情全部说出来就行；有的夫妇表示宁可谨慎和沉默，他们原则上同意接受这种事，但要求对方保密。两种策略都有危险。不论做什么选择和决定都会有后果。一对夫妇可能一开始使用其中一种策略，发现行不通后就改用另一种策略。无论夫妇是否倾向于性专一，人们可以说的是："在感情、爱好和行为上尽量以诚相待。不要对自己说谎，也不要对你的伴侣说谎。你会发现什么对你有效，什么对你无效。"

无论如何，我必须强调，持续的欺骗行为可能伤害最好的关系。谎言难免造成疏远。谎言会制造壁垒和障碍。现在的情况似乎变好了，人们越来越不情愿生活在谎言里——对生活在欺骗中越来越不耐烦，并且越来越有强烈的意愿把问题公开化。

今天，愿意或能够终身信守性专一的夫妇越来越少了。在关系早期，男人和女人就需要理智地面对这个问题，拟定双方都可以接受的策略。理想情况下，他们要在问题出现之前就拟定好策略。这时，采取审慎观察的态度似乎比较合适。婚外情可能存在的一个陷阱是，它们让婚姻变得能够忍受下去。这一点屡见不鲜。出现婚外恋的男女，可能避免了在婚姻关系中感到的痛苦和失望；他们的风流韵事不为解决问题，而是起到镇痛剂、止痛药的作用。因此，那些有婚外情的人应问自己一个非常重要的问题：如果没有婚外情，我对自己这段婚姻的感觉是什么？

简单地宣称性专一是唯一可行的生活方式，或者同样武断地宣称开放式性关系是唯一适用的答案，都是很容易的。但这两种说法都没有充分尊重关系的微妙性和复杂性，以及人与人之间的深刻差异。

没有简单的答案。

嫉妒

现在显然到了考虑嫉妒和浪漫爱情的关系的时候。

我们首先应该明确的是，嫉妒是一个用于描述不同情感状态的词，而这些情感状态并不十分明了。它是混乱的，例如，可以用于描述在获悉伴侣与别人上床后的痛苦；或描述一个人发狂似的怀疑，他不断怀疑并不存在不忠迹象的人；也可以描述一个人忧心忡忡的占有欲，因为他无法忍受伴侣在别人身上找到价值或快乐，无论是男是女。

在性浪漫情景中，嫉妒涉及忧虑、受威胁感、被拒绝或被放弃的幻想，以及经常出现的愤怒，以回应伴侣对另一个人真正或想象的兴趣和沉迷。

有些人说嫉妒不管怎么理解都是不理性的。对此我不能认同。情感既不是理性的也不是非理性的。人类可以描述为理性或不理性，思维过程可以描述为合理或不合理，但情感就是情感。

嫉妒只有在没受到任何挑衅、无缘无故发生时，或许才有理由把它称为不理性的。即使如此，我们要照实说，不理性的不是这种感觉，而是产生这种感觉的扭曲的思维过程。

有时人们嫉妒是因为他们极其缺少自信，没有安全感，并且一直生活在被拒绝和遗弃的预感中。有时人们感到嫉妒是因为他们感到被伴侣忽视或冷落，看到别人接受了本该属于他们的体贴。有时在一段新的关系中产生嫉妒，是因为在过去的恋爱关系里有过痛苦经历，恋人与其他人有染。有时嫉妒出现是因为一个人否认了自己对别人的性兴趣，却把问题抛到伴侣身上。有时嫉妒是出于一种普遍的忧虑，担心幸福会莫名其妙地被毁。当然，有时嫉妒是因为直接了解到伴侣与别人有染引发的。

不言而喻，嫉妒会破坏浪漫爱情。抵抗这种危险所需要的是在嫉妒一出现时就处理它的艺术。典型的情况是，当人们嫉妒时，他们作出的反应是愤怒、指责、流泪并对伴侣进行人身攻击。所有这些都会引起被指责方的防卫和反击。尖叫、否认、谎言或愤怒的沉默，取代了真正的沟通。

当人们嫉妒时，他们很少会诚实地承认这种感觉。例如，假设一个女人看见她丈夫在派对上与另一个女人调情。她极有可能产生敌意、苦涩或责难，而不会对他说："看到你这样，我感到有点忧虑。我害怕。我开始幻想你会离开我。"如果她真的这样对他说，信任地伸出求助之手，就不会突然把他当作敌人看待。她会对自己的感情负责，尽力创造一个可以像朋友一样谈论这件事的环境。如果她丈夫没有感到受攻击，他就不必防卫。他可以倾听，也可以设法真实表达自己的感受。如果有问题，那将是他们两人可以共同面对的问题。

有时，当我们坦承我们的嫉妒，从谈论嫉妒转向谈论更深层次的忧虑，甚至被抛弃的幻想时，我们的痛苦反倒变得不那么强烈或完全消失了。双方都需要学会抛开表面、深入根源的艺术，深入到恐惧无助的感觉中，甚至深入过去被抛弃的记忆中。在之前所举的例子中，如果丈夫被另一个女人吸引了，诚实地承认这一点会友善得多。如果他否认妻子明显察觉到的事实，只会加深她的忧虑和不信任。然后，不可避免地，她嫉妒得更厉害了。

许多女人对我说："不是我的丈夫有时对别的女人感兴趣使我恼怒。这种事我可以对付。是他不承认有这回事，是他总在说谎让我发狂。"

这里有一条无可争议的原则：如果我们希望使伴侣的嫉妒程度降到最低，就绝不能让伴侣怀疑我们的诚实，也绝不能对伴侣的痛苦视若无睹。

我们总是需要深入到嫉妒背后。如果我们嫉妒是因为伴侣对另一个人产生性兴趣或者有风流韵事，这条原则就更为重要。我们需要深入这种感觉，深入痛苦的根源并体验它，正视它，谈论它，不要停留在嫉妒表面。这样的谈话往往没有任何结果。

我记得曾为一对夫妇做过咨询,他们已经为丈夫的嫉妒争论好几个月了。所有的争论都是关于丈夫感到嫉妒是合理的还是不合理的。当丈夫学会停止谈论嫉妒,告诉妻子他的痛苦和失去她的恐惧时,门才算打开了。妻子第一次听到了丈夫的心声。她感受到了爱,承认她在一次派对中过于轻浮,并且很乐意不再那样做。

生活给我们提出的问题并不都是很容易解决的。我们的伴侣可能会对别人真的很感兴趣,我们不知道这事将怎么结束,同时会不可避免地忧虑和痛苦。在这些情况下,要做到坦诚表述自己而不夹带攻击和谴责是非常困难的。当然,我们没有接受这种局面的义务,那也是一种选择。没人能告诉我们什么是可以接受或忍受的,因为对这种事情没有一定之规。有时,一个人看到由于自己的外遇给伴侣造成痛苦,便决定终止外遇,但有时却不会。我们是否可以说他或她应该或必须终止外遇?我不知道谁可以这么说。

但是,如果我们在没有觉察到任何挑衅时也产生嫉妒,该怎么办?如果我们的伴侣连一点点讨厌的事都没做,而我们仍感到被痛苦的怀疑撕裂,该怎么办?当然,有可能我们也受到了刺激,但那种刺激太微妙,意识清醒时我们注意不到,我们只是在潜意识层面收到了信号。还有一种可能,我早先提到的:有时,当我们不承认自己的性冲动时,就通过投射把这些冲动归咎于伴侣。所以，一个长期没来由嫉妒的人要问问自己：我是不是对外遇感兴趣？

有时嫉妒被理解为对自尊的打击，或是在回应别人的行为时，对个人价值观的打击。按照这种定义，你可以说，个人自尊越牢固，越不大可能产生嫉妒。但这可能是对嫉妒过于狭窄的解释。当所爱的人和别人发生性关系，即使最有自信的人也会表现出——起码有时会表现出痛苦，我们应该管这种局面叫什么？他们可以感觉到痛苦而不降低自尊。

不要忽略一个显而易见的事实：实际上，我们的伴侣有可能爱上别人。而我们自以为要是这种事情真的发生了，一个很成熟的人可以持有一种超然的感觉，这是一种虚假的成熟观念。事实是，我们能够接受，不必为此变得疯狂或不理性，但这种感觉无疑是痛苦的。这是现实。

不论出于什么理由，如果我或我的伴侣感到嫉妒，我们都能诚实、坦率分享自己的感情，而没有试图引起内疚，如果对方带着尊重和接受的态度倾听，并诚实地作出回应；那么，我们就是在尽最大的努力去保护我们的关系，浪漫的爱情就可能会发展。如果我们否认并且不承认自己的真实感受，拒绝承认自己的根本焦虑，只是浮于表面地谈谈，或者对方拒绝倾听痛苦的呼喊，拒绝表示尊重并作出了不诚实的回应，那么我们的浪漫爱情就会终结。

孩子和浪漫爱情

随着我们对浪漫爱情的挑战的讨论接近尾声，按顺序似乎应该说说孩子及其对爱情关系的影响。

至此已经很清楚，本书关于浪漫爱情的愿景，已经大大超出了西方文化普遍坚持的观念。虽然它植根于西方个人主义的传统和世俗取向，但在一定程度上距离住在盖满葡萄藤的浪漫小屋、倾听小宝宝嗒嗒脚步声的理想还有一大步呢。或者，更严肃一点说，距离在家庭内部"驯服"浪漫爱情还有一大步，同时，距离青年幻想的浪漫爱情也还有一大步。

至此我还没说到孩子或家庭的问题，是因为我聚焦在男女之间的心理动力上，但完全忽略这个问题，肯定会在我们的生活记录中留下空白。

的确，孩子可以是人类爱情的一个美好展示，而同样真实的是，他们也会成为灾难。如果我更聚焦于谈后者，那是因为关于抚养孩子的满足和回报我们大家都听得很多了。这些满足是非常真实的。谁能否认创造新的生命并看着他成长的喜悦呢？现在我们需要更多关注的是故事的另一面。

研究表明，如果能有第二次机会，许多母亲会选择不生孩子。这并不奇怪。这一事实在我的心理治疗实践中经常出现。当然，一旦孩子出生，我们通常都会爱他们、关心他们。但这并不能改变这样的事实，即许多女人在回顾她们的生活时会感到："就我今天所知道的而言，要是我选择不生孩子，我会过一种非常不同的生活，一种有更多回报的生活。"

多年来我问过许多女人："你是否觉得孩子会对你的婚姻、对你和丈夫的关系起积极作用？"多数女人回答，有孩子虽然在许多方面都得到了回报，但她们和丈夫都觉得孩子是他们在婚姻中维持浪漫的一个障碍。履行父母的义务和责任经常被认为无益于浪漫爱情，是爱情中需要克服的障碍。

可是，多数女人受到的教育使她认为，她们需要通过妻子和母亲的角色来自我实现，她们完全以她们与男人和孩子的关系来界定自己。在这两种情况下，女性特质是和服务联系在一起的。既然是女性就要有女性特质，成了"正常"的想法，母性奥妙是一个非常容易掉进的陷阱——诱饵是一个女人的自尊。

但这引发了一个有趣的悖论，根据这个定义，女性特质将个人在浪漫爱情中有效发挥的能力置于危险境地。

直白地说，在这种情况下女人必须学会的最重要的事，是知道自己有生存权。这是核心问题。她有生存权，并且她会为自己的生活负责。她是人，不是命该为他人服务的生育机器。换句话说，女人必须学会理智和高尚的自私。自我毁灭一点儿也不美，也不高尚。别说是个人幸福，如果浪漫爱情能得以实现，就必须理解这条原则（不管你是否选择要孩子）。

在过去四十多年里，许多来我这里治疗的女人都承认，她们做出艰苦的努力说服自己表现出"真正的女性特质"和"母性本能"。然后她们在有了三四个孩子后，切实感到这种观点是荒谬，在她们自己直接、现实的经验中毫无依据。

我们要记住，生活包括做出选择。我们每个人都有比自己能够实现的多得多的潜力和冲动。即使我们有某种天生做母亲的冲动，也并不意味着必须服从这些冲动。例如，在我们的一生中大概都感受过许多人的性吸引力，但我们不会和他们都做爱。我们会区别对待。我们是有选择的。我们应该根据我们的长期目标和兴趣来评估自己的反应和倾向。因此，关键是要问自己：在我总体的生活目标里，孩子将会有怎样的影响？我准备好抚养孩子所需要的东西了吗？

进一步来说，如果我们自己的创造性、成就和独立的自然冲动受到压制怎么办？那些选择为生育奉献一生的女人通常会抑制这些冲动。

而且，在考虑孩子对男女关系的影响时，要考虑这个问题：为了促进各自的成长和发展，夫妇可以冒很多风险，但有孩子时，这些风险要困难得多。例如，没有孩子时，两个成熟的成年人更容易丢开一份乏味、没有回报的工作，碰碰运气找一份新工作。但是，有了孩子呢？整个情况就不同了。多少好机遇错过了，多少机会没有抓住，多少发展被抑制，因为他们担心采取行动也许会威胁孩子的幸福。并且，如果错过太多机遇，我们的生活会变得越来越沉重，越来越无趣，那么还能愚蠢地想象浪漫爱情不受影响吗？

研究明确表明，与普遍的想象相反，孩子不仅无益于婚姻，反而使婚姻更难美满。计划生孩子的夫妇面临的最大问题是，他们如何在担任母亲和父亲的角色中维持浪漫关系。研究表明，夫妇之间的摩擦往往随着第一个孩子的诞生而增加，而当最后一个孩子离开家时，夫妇的关系开始改善。

如果夫妇中的一个渴望要孩子，而另一个不想要，这对浪漫爱情又提出了另一类问题。显然，这种问题最好在婚前解决。我的一位心理咨询师朋友在做婚前咨询时，建议计划结婚的夫妇幻想一下五年后他们会在哪里，他们将怎么生活，然后分享彼此的幻想。这种方式有时使他们发现，他们各自的目标和梦想都非常不同。在协商这些分歧时，必须给予关注和考虑，否则浪漫爱情几乎会不可避免地承受灭顶之灾。

不难理解，为什么彼此相爱的两个人愿意共同承担创造新生命的风险。我很难提出理由证明不应该有孩子，但我反对把生孩子作为例行公事，或者是盲目的社会传统行为，或是出于责任感，或是为了证明女性特质或男性特质。我的观点是反对在没有认识到孩子对浪漫爱情的潜在影响时生孩子。

在结束这个讨论时，我想坦率地说，我们应该特别敬佩那些经过周密思考，很负责任地选择生孩子，并且在履行父母职责时能保持他们完整爱情关系的男人和女人。要做到这一点绝非易事。

保持抽象视角

维持浪漫爱情需要两种也许表面上互相矛盾的态度或策略，一种是立足于现实的能力，另一种是抽象地看待生活，不迷失在我们面对的具体事务中的能力。如果我们承认有必要既见树木又见森林，我们就会认识到这并不矛盾。有时夫妇会争吵，有时会感到疏远，有时伴侣可能做出伤害或激怒我们的事，有时我们或对方强烈要求单独待一会儿，这都是正常的，这些在本质上都不构成对浪漫爱情的威胁。

成熟爱情的一个特点是，知道我们能深爱伴侣，而且还知道虽然如此，我们有时还是会感到愤怒、乏味和疏远，并且知道我们关系的有效性和价值不是由每日每时的感情波动来判断的。知道这些是一种能力。我们应该有一种基本的沉着，这种沉着是出于明了我们和伴侣相知的历史、我们的背景，并且我们不会在随时变迁的压力下丢掉那个历史和背景。我们会记住。我们不会只看到伴侣最近的一点行为，不会单单通过眼前的行为来界定他。

相比之下，不成熟的表现之一是没有能力容忍暂时的不和、暂时的挫折和疏远，在令人沮丧的冲突或困难面前就假定关系结束了。有些夫妇似乎每月会作出好几次这样的决定。他们几乎没有或根本没有能力忍耐、看穿现在的情况，几乎没有或根本没有能力用更宽的视野审视当前出现的问题。因此，他们的生活以及他们的恋爱或者婚姻，总是悬在深渊边缘。这不是爱情会发展的环境，这是爱情迟早会耗尽的环境。

在暂时的不幸事故、冲突、伤害或者疏远面前，我们需要一种能力，看到关系的实质并使现状与之联系起来。我们需要一种通过伴侣此刻的行为看到伴侣的本质的能力。即使在不愉快的时候，也要看到此刻我们的关系和伴侣的实质。那么，即使我们发生了冲突也可能得到增强爱情的结果。

我想起一个非常爱妻子的男人曾对我说的话。"无论她有时对我多么厌烦——相信我，她的眼睛有时真的在冒火——即使是那种时刻，她的脸总是表明她爱我，并且，她知道这一点。我感觉非常好，因为她最近说我也是这样。她说我的眼睛总是表明我爱她，不管我还有什么别的感觉。"这话真是太美妙了。

显然，这是使关系自我恢复活力的一个秘诀。

小结：当说"我爱你"时，我们是什么意思？

当我们对某人说"我爱你并且要与你共度一生"时，我们有意或无意中接受了一些事实，其中隐含着义务。一位 28 岁的记者提出，这些义务太沉重，包括：

如果我们交往是认真的，并且我说我爱你，你就有权利期待我会对你的想法和感受感兴趣，当你讲话时，我会洗耳恭听。

如果我说我爱你，那么你就有权把这句话的意思理解为我会待你和蔼亲切。

如果我说我爱你，你就有权期望我在你有精神压力以及悲痛的时候做你的情感支柱。

如果我说我爱你，并不是承诺我不会对你生气或永远赞成你某一方面的行为。但是，我承诺会站在你这边，给予你同情和怜悯。

如果我说我爱你，我确实是在宣布你的感受和需求对我来说很重要。

如果我说我爱你，你就有权假设我们在一起时，我会全身心地与你同在。

与你同在——这是什么意思？

意思是，如果你告诉我某事对你很重要，我会不加评判、全神贯注地听你说；我不会一边假装在听，一边在心中与你争论。

（我会经常给予你专一的关注，即便你什么也没说，那也会是我爱你的一种乐趣。）

如果你在和我说话——分享想法、描述问题、表达委屈或报告工作中一个令人兴奋的情节——我在你身边就是完全设身处地地在同一个现实中。这意味着我不会试图用我的"更重要"的话题压倒你的话题。

这意味着我不会急于打断你的话，责备你没抓住中心意思。

这意味着我不会因不满给予还击。

这意味着我将想要理解你的意愿，置于我被你理解的意愿之前。

有两点必备：觉知和接受。

一个人如果不懂得如何对待他人，就不懂得爱的意义是什么。

对永恒的渴望和变化的必然

如果一个男人或女人在二三十岁时开始定下打算终生追求的事业，他们很少假设以后的四五十年是一个从胜利走向胜利的平稳飞行。如果他们还算成熟，就会知道一定会有高峰和低谷，有意想不到的弯路，有不可预知的问题和挑战，有偶尔的危机和早晨醒来不知道自己为什么要选择现有的职业，以及自己是否真的适合这个职业的时刻。

当男人和女人开始婚姻（或任何严肃关系）的旅程时，他们往往对等待他们的挑战和波折的判断很不现实。照理来说，结婚是一个分享旅程、分担冒险的决定，而不是把自己锁在一个一成不变的天堂里。没有这样的天堂。

爱情是婚姻幸福的必要条件，但是，我们已经看见，这对保持永久幸福来说远远不够。

在我们深感幸福的时刻渴望永恒，渴望永远留住这一刻是完全可以理解的；但这样的安排不可能出现。不是因为爱情不可能永久——爱情可能是我们的生活中最永久的东西——而是因为变化和运动是这宇宙间最自然的事。

有人说，大约每五年，每一种关系都需要重新解释。也有可能是七八年。总之，原则上如此。

正如一个人不会长期保持不变，而是通过各个阶段逐步发展，各种关系也是这样。并且在每种情况里，不同阶段都有不同的挑战和与众不同的满足。当一种新关系形成时，就会有新的兴奋和刺激，也会有担心，因为不知道关系是否会发展成功。然后，随着安全感和稳定感的增强，就会失去一些兴奋感和新奇感，但也有问题得到解决、被伴侣理解的宁静，以及发现和谐本身就包含了兴奋感的喜悦。

有时，尤其是当一段关系中出现需要面对和解决的问题时，人们就会讨厌现在，渴望过去，思念那些无法重现的事。一个男人梦想妻子只爱他，只待在他身边就感到满足的日子：她为什么突然决定再去上学？他娶的这位小姑娘到底怎么啦？他不欢迎这个成长的过程，没看到他自己也必须继续成长，而是抵制这个过程，使自己成为他妻子发展和成长的敌人。他是否击碎了她的精神和志向？她是否屈服了，或由于他对她的需求缺乏尊重而离开了？爱情毁了，婚姻也毁了。

有时，一对夫妇分手并不是他们以为的是因为各自的成长和发展需要，而是因为他们中的一个对抗并抵制对方的发展。他们中的一个想冻结已经消失的时光。他们中的一个缺乏灵活性和内在安全感，不允许新变化的出现，无法顺应这种变化，不去了解可能会有什么新的可能性向他们敞开。

一个男人也许十五年从事同一份工作。他突然或不那么突然地感到不满、厌倦，觉得没有成就感——他想要新的挑战。他的妻子感到迷惑和害怕。将会发生什么呢？他们还会像从前一样有经济保障吗？为什么他对他的朋友失去了兴趣？为什么现在这么喜欢看书读报？下一步他是否要对别的女人感兴趣？她感到恐慌。当他设法解释他的感觉时，她不想听。她害怕失去她现有的一切。并且由于她的恐惧，她会继续失去它。

一个丈夫抱怨他的妻子糊里糊涂，她甚至无法结算她的消费账目。他说他爱她，但是他真希望她更成熟点！然后事情发生了：通过他未注意到的某一神奇的成长过程，她变得负责任了。她对他的事务感兴趣，问了很多聪明的问题。她决定开始她自己的事业。他困惑了。他曾经很满意的这位小姑娘身上发生了什么？她看着他的眼睛，她看到了敌视，看到了她自我实现的敌人。她需要他的爱和他们的婚姻，但是，她也想做一个人。她是做回一个小姑娘，然后恨她丈夫一辈子，还是继续为自己的发展奋斗，尽管这会驱使她丈夫离开？

这是许多夫妇都必须面对的艰难、痛苦的选择。

每一种关系都有一个系统。并且在一个系统里，当一个部件或组件变动时，其他部件和组件也必须改变——否则就会失去平衡。如果伴侣成长了，另一半却抵制他的成长，关系就会出现失衡，然后就是危机，再然后就是化解或者离婚，或者比离婚更坏——由即将死亡的爱情、迷惑的悲痛和仇恨组成的长期缓慢的瓦解过程。

如果我们有自信和理智做伴侣成长的朋友，那么那种成长就不会变成危险或威胁。但是，如果我们把自己摆在反对它的位置，便只会招来悲剧。

同样，如果我们试图通过放弃自己的成长和发展来维护我们的关系，还是会招来悲剧。我们剥夺了自己和关系的活力。

生活是动态的。不前进就是后退。只有在它前进时，生活才依然是生活。如果我不发展，我就会腐朽。如果我的关系没有发展得更好，就会变得更坏。如果我没有和我的伴侣共同成长，我们就会一起死去。

　　静止是不可能的。时间可以经历，但不可能捕获。我们必须在这一刻，感受它、体验它，然后让它过去，然后继续前进到下一刻和下一次冒险，而且我们不可能总要求事先知道前方是什么。

　　显然，我提议的这种态度需要自尊。这里我们再次看到自尊对浪漫爱情成功的重要性。正是自尊给予我们勇气，不与变化和成长抗争，不与我们下一步的生活抗争。反过来，发挥勇气又加强了我们的自尊。

　　我们应对变化的能力，给予我们获得永恒的最大机会。当爱情不与生命的流动抗争，而是学会与它融为一体时，爱情就有最大的机会持久延续。

　　如果伴侣双方都认为彼此是自己成长的真正朋友，那么他们的关系之间就多了一根纽带，多了一股支持和加强爱情的力量。如果双方出于恐惧或迷惑，使自己成为彼此成长的敌人，那么，这距离把彼此视为敌人只有小小的一步了。

　　我想到我认识的一个女人，在她的夫妻生活中，她害怕由丈夫发起的任何变化。在她童年时代，她父亲为了另一个女人抛弃了她母亲，她内心深处仍有对被抛弃的忧虑。因此，当她的丈夫在五十多岁提出要在事业方向上做出某些变动时，她没有直接反对他，而是非常微妙地劝他不要做。她做了她想做的事。但是我看到，她丈夫心中的某些东西消失了。她和她的丈夫也许都没认识到这个因果链，但是将来她会以某种形式为她的"胜利"付出代价。但愿她能承认自己的忧虑，开诚布公地谈谈自己的忧虑，同时成为她丈夫梦想的一个更好的朋友。

要了解和尊重我们对永久性的渴望，同时与成长和不可避免的变化过程结为盟友——这也许是对浪漫爱情的终极挑战。

如果我们确有智慧和勇气做伴侣梦想与志向的朋友，那么我们就有最佳的机会使我们的爱情真正"永恒"。

尾声：关于爱情的最后赠言

我不知道，历史上是否有过像现在这样把"爱"这个词如此杂乱地使用的时候。

我们经常被告诫，必须"爱"大家。社会运动的领导者宣称他们"爱"他们从未见过的追随者。在我的成长讲习班和"以心为本"的周末小组聚会中，有积极的参与者现身说法，宣布他们"爱"全世界所有人。

正如货币，通货膨胀越来越严重，其购买力就会越来越低。所以，通过类似通货膨胀的过程，通过越来越没有区别的使用，所说的话就会变得越来越空洞。

对不认识或不太熟悉的人怀有仁爱（怜悯和友善之心）是有可能的，但感受到爱（爱慕和情爱）是不可能的。两千多年前，亚里士多德就观察到这一点，我们仍然需要记住它。如果忘记这一点，我们所做的一切都是对爱情概念的破坏。

爱情，究其本质需要有一个选择、鉴别的程序。爱情是对代表我们最深或最高价值的事物作出的反应。爱情是我们对某些人而不是对所有人持有的与众不同的态度。否则，爱情能奉献什么？

如果成人之间的爱不意味着倾慕，如果它不是对所爱之人拥有的品质和素质的欣赏，那么爱情还有什么意思或意义，爱情还有什么可取之处？

艾里希·弗洛姆（Fromm, 1955）认为："在本质上，所有的人都是一样的。我们是一个整体的一部分，我们是一体的。这样的话，我们对人的爱不应该有什么不同。"这绝不是他特有的观点，那么对于他说的这句话我们该怎么看呢？

如果我们问恋人为什么喜欢我们，要是对方说："为什么我不应该爱你呢？所有人都是一样的。所以，我爱什么人都没什么不同。因此不妨是你。"想想我们会有什么反应。

不是所有人都谴责滥交，但我还从未听过有人把它称为卓越的美德。但精神滥交呢？那是不是一种美德？为什么？精神不如肉体重要吗？

对于现在"爱"这个词的使用，人们最善意的说法是，这些用法代表了思考上的懈怠和懒惰。我自己的印象是，那些大谈"爱"大家的人，实际上表达了要大家爱他的愿望或请求。但是认真对待爱——尤其是两个成人之间的爱，尊重这个概念，把它与一般的仁爱、怜悯或善意区别开，就是要意识到，它是某些人之间而不是所有人之间可能有的独特体验。

当一对有重大精神和心理亲和力的男女相遇并相爱，如果他们已解决了本书中所描述的问题和困难，如果他们能超越仅仅为"成功"维护他们的关系而努力的水平，那么浪漫爱情就不仅是通向性爱和情感幸福的道路，而是达到人类成长更高水平的阶梯。通过与另一个自我互动的过程，造就与自我持续相遇的环境。两个各自致力于自我发展的意识，都可能为对方提供一个非同寻常的刺激和挑战。然后，狂喜就可能成为一种生活方式。正是对这种爱的可能性的想象，使本书的写作充满生气。

致　谢

感谢谢里·阿德里安（Cheri Adrian）博士非常宝贵的帮助。她汇编了我十五六年来有关爱情的各种演讲和文章，此外，还对本书涉及的历史部分做出了巨大贡献。

还要感谢乔纳森·赫希菲尔德（Jonathan Hirschfeld）为本书的历史研究部分做出的贡献。

感谢芭芭拉·布兰登（Barbara Branden），她和阿德里安博士、赫希菲尔德先生一起提出了许多宝贵的修改建议。

我还要对我的出版商杰里米·塔彻（Jeremy Tarcher）和他的高级编辑贾尼丝·加拉格尔（Janice Gallagher）的敏锐和技巧表示衷心感谢，他们的贡献在许多方面提高了本书的质量。

最后，我要对德弗斯·布兰登（Devers Branden）表示最深切的感谢，她在本书写作过程中与我天天相伴，提出了许多有益的建议，给予了我情感支持。没有这种支持，我不敢肯定我能写成这本书。

参考文献

Aristotle. Nicomachean Ethics. *The Basic Works of Aristotle.* Trans. W. D. Ross. New York: Oxford University Press, 1940.

Bossard, James H. S., and Eleanor S. Boll. *Why Marriages Go Wrong.* New York: Ronald Press Co., 1958.

Branden, Nathaniel. *The Psychology of Self-Esteem.* New York: Bantam Books, 1971.

Branden, Nathaniel. *The Disowned Self.* New York: Bantam Books, 1973.

Burgess, Ernest W., and Harvey T. Locke. *The Family: From Institution to Companionship.* 2d ed. New York: American Book Co., 1953.

Cuber, John F., and Peggy B. Harroff. *The Significant Americans.* New York: Appleton-Century-Crofts, 1965.

de Rougemont, Denis. *Love in the Western World.* Rev. ed. Trans. Montgomery Belgion. New York: Pantheon Books, 1956.

Friday, Nancy. *My Mother/Myself.* New York: Delacorte Press, 1977.

Fromm, Erich. *The Art of Loving.* New York: Harper and Brothers, 1955.

Ginott, Haim. *Teacher and Child.* New York: Macmillan Publishing Co., 1972.

Greenfield, Sidney M. Love: Some Reflections by a Social Anthropologist. *Symposium on Love.* Ed. Mary Ellen Curtin. New York: Behavioral Publications, 1973.

Hazo, Robert G. *The Idea of Love.* New York: Frederick A. Praeger, 1967.

Hoffer, Eric. *The True Believer.* New York: Harper and Brothers, 1951.

Hunt, Morton. *The Natural History of Love.* London: Hutchinson and Co., 1960.

Janus, Sam, Barbara Bess, and Carol Saltus. *A Sexual Profile of Men in Power.* Englewood Cliffs, N.J.: Prentice-Hall, 1977.

Koestler, Arthur. *Janus.* New York: Random House, 1978.

Langdon-Davies, John. *A Short History of Women.* New York: Literary Guild of America, 1927.

Linton, Ralph. *The Study of Man.* New York: D. Appleton-Century Co., 1936.

Mahler, Pine, and Bergman. *The Psychological Birth of the Human Infant.* New York: Basic Books, 1975.

Maslow, Abraham H. *The Farther Reaches of Human Nature.* New York: Viking Press, 1971.

Masters and Johnson. *The Pleasure Bond.* Boston: Little, Brown and Co., 1970.

Mead, Margaret. *Coming of Age in Samoa.* New York: New American Library, 1949.

Murstein, Bernard I. *Love, Sex, and Marriage Through the Ages.* New York: Springer Publishing Co., 1974.

O'Neill, Nena. *The Marriage Premise.* Philadelphia: M. Evans and Co., 1977.

Peele, Stanton, with Archie Brodsky. *Love and Addiction.* New York: New American Library, 1975.

Praz, Mario. *The Romantic Agony.* Trans. Angus Davidson. 2d ed. London and New York: Oxford University Press, 1951.

Rand, Ayn. *Atlas Shrugged.* New York: Random House, 1957.

Rand, Ayn. *For the New Intellectual.* New York: Random House, 1961.

Schneider, Isidor, ed. Marriage and Sex Love. *Origin of the Family in the World of Love.* Vol 2. New York: George Braziller, 1964.

Taylor, G. Rattray. *Sex in History.* New York: Harper Torchbooks, 1973.

von Bertalanffy, Ludwig. *Problems of Life.* New York: Harper Torchbooks, 1960.

von Bertalanffy, Ludwig. *Organismic Psychology and Systems Theory.* Barre, Mass.: Clark University Press, Barre Publishers, 1968.

图书在版编目（CIP）数据

浪漫爱情心理学 /（美）纳撒尼尔·布兰登著；林本椿，林尧译. —上海：上海社会科学院出版社，2024

书名原文：The Psychology of Romantic Love： Romantic Love In An Anti-Romantic Age

ISBN 978-7-5520-4329-7

Ⅰ.①浪… Ⅱ.①纳… ②林… ③林… Ⅲ.①恋爱心理学—通俗读物 Ⅳ.① C913.1-49

中国国家版本馆 CIP 数据核字（2024）第 077982 号

Copyright © 1980, 2008 by Nathaniel Branden
This edition published by arrangement with TarcherPerigee, an imprint of Penguin Publishing Group, a division of Penguin Random House LLC.

上海市版权局著作权合同登记号：图字 09-2024-0182 号

浪漫爱情心理学

著　　者：[美]纳撒尼尔·布兰登
译　　者：林本椿　林　尧
责任编辑：赵秋蕙
策划编辑：杜　思
封面设计：刘　哲
出版发行：上海社会科学院出版社
　　　　　上海市顺昌路 622 号　　邮编 200025
　　　　　电话总机 021-63315947　　销售热线 021-53063735
　　　　　https://cbs.sass.org.cn　　E-mail: sassp@sassp.cn
印　　刷：河北鹏润印刷有限公司
开　　本：880 毫米 ×1230 毫米　1/32
印　　张：8.5
字　　数：154 千
版　　次：2024 年 6 月第 1 版　2024 年 6 月第 1 次印刷

ISBN 978-7-5520-4329-7/C・231　　　　　　　　定价：59.80 元

版权所有　翻印必究

青豆读享 阅读服务

帮你读好一本书

《浪漫爱情心理学》阅读服务：

- ♡ **配套漫画**　布兰登与青年在河边散步，用书中观点回应 15 个当代爱情问题。
- ♡ **难点辨析**　思维导图为你拆解本书核心概念：布兰登谈论的"自尊"是什么？
- ♡ **知识锦囊**　高自尊的人如何彼此相爱？8 个关键词提炼书中方法论。
- ♡ **测一测**　你是一个高自尊的人吗？
- ♡ **练一练**　五个微妙有趣的心理练习，让你重新看待自我与爱情。
- ♡ **趣图解读**　人类爱情观进化小史，看看我们的爱情观如何被塑造。
- ♡ **阅读拓展**　十部经典电影，探讨如何在爱情中保持独立。
- ♡ **话题互动**　快来看看，本书的书友们在讨论些什么吧！
- ♡ ……

每一本书，都是一个小宇宙。

扫码使用配套阅读服务